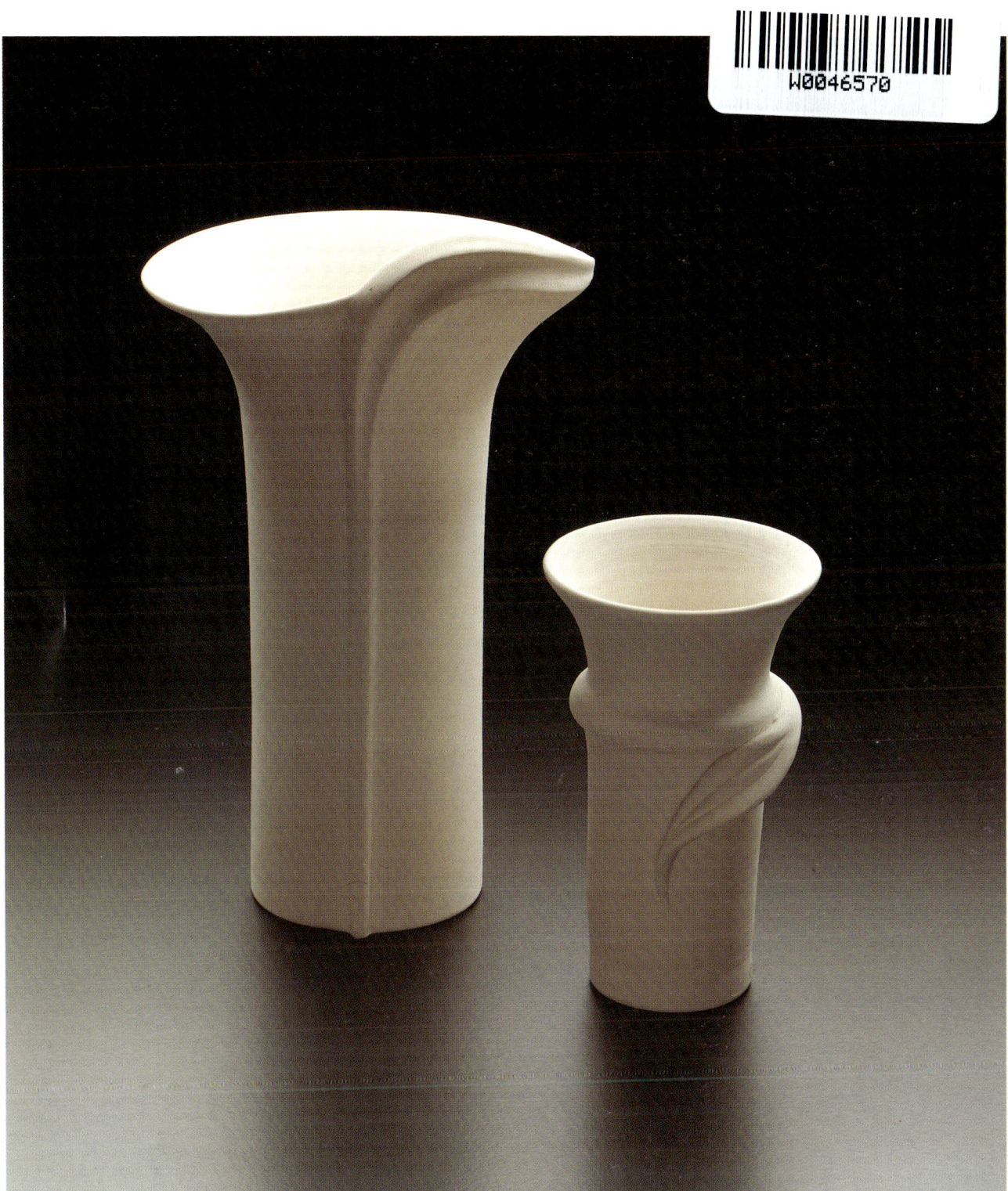

Ayca Riedinger

Kreatives Gestalten mit Ton

Töpfern auf der Scheibe

Völlig überarbeitete Auflage

Vorwort

Man kann es drehen wie man will – das »Drehen« als handwerkliches Tun mit Ton bleibt ein Abenteuer. Ein Abenteuer, bei dem aus dem Zusammenspiel der Hände und der sich drehenden Scheibe symmetrische Formen entstehen.

Falls Sie schon einmal einen Töpfer beim Drehen beobachtet haben, waren Sie sicher erstaunt, mit welcher Leichtigkeit die vollkommensten Gefäße wachsen. Fast spielerisch weitet oder verengt der Töpfer die zuvor hochgezogenen Gefäße.

Sie – lieber Leser – werden sicher zu Beginn Ihres Tuns das Drehen als Abenteuer empfinden. Aber lassen Sie sich nicht entmutigen. Lassen Sie sich auf die Rotationsbewegung der Scheibe ein, die übrigens eines der ältesten mechanischen Arbeitsgeräte ist. Drehen Sie mit bei diesem durch eine jahrtausendealte Tradition geprägten handwerklichen Vorgang.

Nach kurzer Zeit schon werden Sie erstaunt feststellen, wie sensibel Ihre Hände auf materialimmanente und scheibenspezifische Bewegungsabläufe reagieren. Sie werden aber auch feststellen, daß für ein erfolgreiches Formen nicht allein das Geschick der Hände ausreicht. Der ganze Mensch wird gefordert, vom Kopf bis zu den Fuß- und vor allem bis in die Fingerspitzen. Dieses Buch soll Sie Schritt für Schritt in Wort und Bild mit der Technik des Drehens vertraut machen. Das Abdrehen und einige spezielle Arbeitstechniken sind dabei miteinbezogen. Es werden dazu jeweils eine Anzahl der wichtigsten Handgriffe statisch aufgezeigt, denn ein Foto kann nicht den Bewegungsablauf wiedergeben.

Das Nachvollziehen, Spüren und Fühlen bleibt Ihre ureigene Erfahrung, und die Technik erwerben Sie nur durch mutiges und stetiges Üben.

Mit Geduld, Ausdauer, Fleiß und Selbstdisziplin läßt sich dieses faszinierende Handwerk rasch in den Griff bekommen. Jeder Drehvorgang bringt Sie ein wenig näher zum Ziel.

Der widderköpfige Gott Chum formt auf der Töpferscheibe das göttliche Pharaonenkind, assistiert von der froschköpfigen Göttin Selket (Im Tempel von Luxor; 1550–1307 v. Chr.)

Gewidmet meinen Kindern Jan und Meika

Kleine Geschichte der Keramik

Die Verwendung des Tons als formbares Material ist keine Erfindung des Menschen. Vielmehr gibt es in der Natur zahlreiche Tiere, die aus Lehm oder Ton ihre Nester bauen, so beispielsweise Töpfervögel und Lehmwespen (Pillenwespen).

Bereits in vorgeschichtlicher Zeit verstand es der Mensch, sich die Eigenschaften des Tons für seine Bedürfnisse nutzbar zu machen. Ausgrabungen längst vergangener Kulturen zeugen davon, daß der Töpferei in fast allen Ländern der Erde ein hoher Stellenwert beigemessen wurde.

Die historischen Funde von Tongefäßen oder -scherben geben Auskunft über den Entwicklungsstand der Töpferkunst in den verschiedenen Kulturgruppen.

Die Entwicklung dieses Kunsthandwerks verlief in Südeuropa, im Orient, in Afrika und Amerika weitgehend unabhängig voneinander. Assyrer, Perser, Babylonier und Ägypter verstanden sich auf die Töpferkunst, die Griechen jedoch führten dieses Kunsthandwerk bis zur Perfektion aus. Anhand der unterschiedlichen Muster- und Formgebungen der Gefäße läßt sich aber dennoch die wechselseitige Beeinflussung benachbarter Regionen ablesen. Auch im ostasiatischen Raum, besonders in China, war die Herstellung von Keramikgefäßen schon früh bekannt. Gewisse Ähnlichkeiten chinesischer Gefäßformen und Musterungen mit denen des Vorderen Orients deuten darauf hin, daß schon in der Steinzeit ein »Kultur- und Handelsaustausch« zwischen den Völkern stattgefunden haben muß.

Die bekannteste chinesische Keramik ist das Porzellan. Diese schwach gebrannte, dünnwandige, weiße Töpferware ist in ihrer höchsten Vollendung auch heute noch eine begehrte Handelsware.

Die Frage, wann der Mensch zur Erkenntnis gelangte, daß durch das Brennen des Tons die Gefäße haltbarer werden, ist wohl nur hypothetisch zu beantworten. Alle Vermutungen hierzu sind sicherlich richtig, denn in den verschiedensten Gegenden der Erde und zu den unterschiedlichsten Zeiten nutzte der Mensch den Ton beziehungsweise die Tonerde. Meist waren es zufällige Entdeckungen, die zu neuen Erfindungen in der Töpferei führten. Die ältesten gebrannten Tongefäße stammen vermutlich aus der mittleren Steinzeit.

Eine weitere bedeutende Entdeckung war die Technik des Glasierens, durch die sich neben der Verfeinerung der Ritz- und Maltechnik neue Dekorationsmöglichkeiten der Tongefäße ergaben.

Das Wort »Keramik« ist übrigens griechischen Ursprungs. Fünf griechische Wörter aus dem entsprechenden Wortfeld belegen das:

Kerammeikos = Töpferviertel in Athen
Kerameus = Töpfer
Kerameia = Töpferkunst
Keramos = Tonerzeugnis
Keramion = Irdenes Gefäß

Arten der Keramik

Es werden hauptsächlich sechs Arten der Keramik unterschieden. Ein sehr wichtiges Unterscheidungsmerkmal ist die Temperatur, mit welcher der Ton gebrannt wird. Weitere Kriterien für die Unterscheidung der verschiedenen Keramikarten zeigt die Übersicht:

Irdenware
Scherben: porös, rauh, wasserdurchlässig, hell bis dunkel (ocker, rot, braun, schwarz)
Brennbereich: 800–1100° C
Verwendungsform: Geschirr, Blumentöpfe und anderes, gewöhnliche Töpferware, glasiert oder unglasiert

Terrakotta
(italienisch: gebrannte Erde)
Scherben: porös, unglasiert, rot bis rotbraun
Brennbereich: 800–1000° C
Verwendungsform: Kleinplastiken, Brenntöpfe, Römertöpfe, Wasserverdunster und anderes

Fayencen
Scherben: immer rot und überzogen mit einer weißdeckenden Zinnglasur, meist bemalt
Brennbereich: 900–1180° C
Verwendungsform: Geschirr und Gebrauchsgegenstände, Kunstkeramik, Wand- und Bodenfliesen

Steingut
Scherben: meist härter als Irdenware, gelblichweiß, glasiert oder unglasiert
Brennbereich: 1000–1100° C
Verwendungsform: Kunstkeramik, allerlei Gebrauchsgeschirr, Wandplatten, Bodenfliesen, Sanitärkeramik und anderes

Steinzeug
Es handelt sich um Sinterware. Dies bedeutet, daß sich der Ton durch den speziellen Brand stark verdichtet.
Scherben: weiß bis beige, rosa, ziegelrot, braun bis schwarz

Feinsteinzeug
Scherben: dicht gesintert, glasiert oder unglasiert
Brennbereich: 1180–1300° C
Verwendungsform: Gebrauchsgeschirr, Elektrosteinzeug und anderes

Grobsteinzeug
Scherben: dicht gesintert, glasiert oder unglasiert
Brennbereich: 1180–1300° C
Verwendungsform: Klinker, Fußbodenplatten, Wandplatten, Bodenrohre, Säurebehälter, Sanitärkeramik und anderes

Porzellan
Scherben: glasiert oder unglasiert, weiß, dicht gesintert
Brennbereich: 1300–1480° C
Verwendungsform: Gebrauchsgeschirr, Kunst- und Zierkeramik, elektrotechnisches Porzellan, Laborporzellan und anderes

Kleine Geschichte der Töpferscheibe

Die Urform der Töpferscheibe besteht aus tönernen Formplatten, in deren Rand sich rundliche Eindrücke befinden

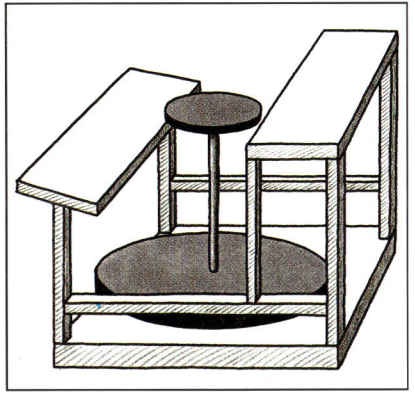

Bei Schubscheiben wird das Schwungrad mit dem Fuß angetrieben, der Töpfer verharrt in gerader Haltung

Die Entwicklung der Töpferscheibe läßt sich über 5 Jahrtausende hinweg verfolgen. Die Scheibe ist mit Sicherheit eines der ersten mechanischen Arbeitsgeräte des Menschen. Als Maschinen, das heißt als Geräte, die eine Arbeit allein verrichten, kann man auch die heutigen Töpferscheiben nicht bezeichnen, denn zur Erstellung eines Gefäßes ist das handwerkliche Können des Töpfers von entscheidender Bedeutung.
Die Ägypter waren wohl die ersten, die auf der Töpferscheibe gearbeitet haben. Noch heute arbeiten Frauen in Marokko, Tunesien und Algerien auf der Urform der Töpferscheibe, einer selbsthergestellten, tönernen Formplatte, deren

Rand mit rundlichen Eindrücken versehen ist. Mit Hilfe eines großen Zehs werden diese Formplatten ins Rotieren gebracht, somit bleiben beide Hände zum Töpfern frei. Durch eine leichte konkave Krümmung auf der Unterseite der Platte verringert sich beim Drehen die Bodenreibung, das Drehen wird erleichtert!
Die drehbaren Formplatten unterscheiden sich jedoch von der Töpferscheibe in einem entscheidenden Punkt: Es fehlt die »feststehende Achse einer gelagerten« Töpferscheibe.
Formplatten aus Ton oder Holz mit einer Mulde auf der Unterseite, die das Lager ersetzte, und ein in den Boden gerammter »hölzerner Lagerzapfen als Achse« ermöglichte ein langsames, aber ungleichmäßiges Drehen. Derartige Töpferscheiben wurden allmählich durch die Fußtöpferscheibe verdrängt. Diese wurden von den Töpfern meist selbst hergestellt, und zwar als Vollscheiben aus Ton oder Holz mit 60–70 cm Durchmesser.
Auf der Unterseite befand sich ein Kieselstein als Spurpfanne. In dessen Vertiefung lief der kurze, hölzerne Lagerzapfen, ein zugespitzter Holzpflock, der im Freien in den Boden gerammt wurde. Da diese Scheiben nur langsam liefen, wurden zunächst noch einzelne Tonwülste übereinandergelegt. Diese wurden dann nachgedreht und dadurch miteinander verbunden (am Scherbenbruch durch Schichtgrenzen zu sehen). Bei den etwa ab den 40er Jahren dieses Jahrhunderts gebräuchlichen Töpferscheiben erfolgt der Antrieb der Scheibe nicht direkt, sondern mittels Schwungrad, das mit der Scheibe durch die Achsspindel verbunden ist. Derzeit im Handel angebotene Töpferscheiben werden unterschieden nach der Antriebsart des Schwungrades. So gibt es die sogenannten Schubscheiben, die Elektroscheiben und die elektronisch gesteuerten Scheiben. Der Aufbau der Schubscheibe ist in der Zeichnung gut erkennbar. Wichtig ist, daß beim Antreten beziehungsweise in Schwung setzen des Schwungrades das Gestell fest steht und nicht ins Schwanken gerät.

Das Schwungrad sollte circa 1 Zentner schwer sein, damit eine möglichst gleichmäßige Tourengeschwindigkeit des Rades und damit der Scheibe erzielt wird. Die recht preisgünstige Schubscheibe ist nur geeignet für kleine bis mittelgroße Gefäße, da das Anschieben des Schubrades zusätzlich Kraft kostet. Die Elektroscheibe ist vom Bau her viel kleiner und auch leichter als die Schubscheibe. Vom Motor aus wird die Bewegungsenergie durch einen Keilriemen oder ein Schneckengetriebe auf die Scheibe übertragen. Die stufenlose Geschwindigkeitsregulierung erfolgt mit einem fest installierten oder einem beweglichen Fußpedal. Beim Arbeiten auf elektrisch angetriebenen Scheiben kann alle Kraft und Energie ausschließlich zugunsten des Drehvorganges angewendet werden, so daß auch große Gefäße gelingen.
Elektronisch regelbare Töpferscheiben zeichnen sich durch große Laufruhe, Wartungsfreiheit und ein hohes Durchzugsmoment aus. Die große Laufruhe ist bedingt durch das geschlossene Stahlgehäuse, das eine hohe Standfestigkeit garantiert, und die Lagerung des Motors auf Schwingungsdämpfern. Auf dem Stahlgehäuse befindet sich meist ein höhenverstellbarer Sitz, so daß nur ein geringer Platzbedarf erforderlich ist.

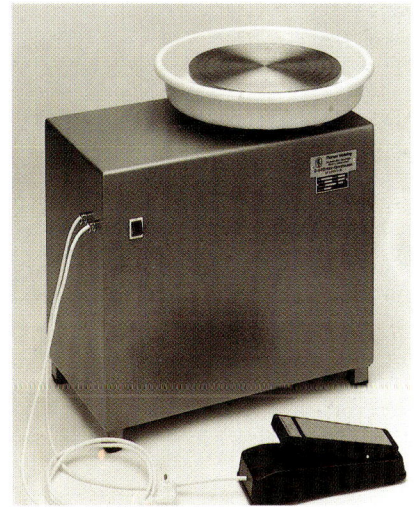

Eine moderne Elektroscheibe

Werkstoff Ton

Die vier Grundelemente Erde (Ton), Wasser, Luft und Feuer sind es, die beim Töpfern eine im wahrsten Sinne des Wortes elementare Rolle spielen. Die Erde ist das Urmaterial, das ohne Wasser nicht geschmeidig und somit auch nicht formbar ist. Das Trocknen des aus Ton geformten Gefäßes an der Luft ist Voraussetzung für das sich daran anschließende Brennen. Erst durch das Brennen (Element Feuer) bekommt der Gegenstand seine endgültige und dauerhafte Gestalt. Um mit Ton arbeiten zu können, ihn zu begreifen und in den »Griff zu bekommen«, ist es unerläßlich, das Wesentliche über die Technik des Vorbereitens, Formens, Trocknens und Brennens zu wissen. Jedoch kann das theoretische Wissen über das Material die praktische Erfahrung nicht ersetzen.

Eigenschaften und Verarbeitung

Die Entstehung

Ton ist ein Verwitterungsprodukt feldspathaltiger Sedimentgesteine, Tiefen- und Eruptionsgesteine wie beispielsweise Basalt, Granit, Gneis, Quarz, Porphyr und Syenit. Es handelt sich also um ein Gemenge von Tonmineralien. Bei der Tonentstehung wird zwischen drei Arten der Verwitterung unterschieden, nämlich der mechanischen, chemischen und organischen.

Die mechanische Verwitterung wird ausgelöst durch starke Temperaturwechsel, also durch den krassen Wechsel zwischen Hitze und Kälte sowie durch Wind und Wasser.

Oxidationsvorgänge und das Einwirken von Humussäuren, verschiedenen Laugen und Gasen sind verantwortlich für die chemische Verwitterung.

Fäulnis- und Zersetzungsprozesse, ausgelöst durch Bakterien und Spaltpilze, spielen bei der organischen Verwitterung die Hauptrolle.

Ton gewinnt man sowohl im Tage- als auch im Untertagebau. Man findet ihn jedoch in den seltensten Fällen an den Stellen seiner Entstehung. Durch natürliche Schwemmvorgänge und den Einfluß von Wind und Wasser wird er »vertragen«. Auf dem Weg zur jeweiligen Lagerstätte nimmt er zahlreiche andere, im Erdreich vorhandene Stoffe auf. Diese teilweise als Verunreinigungen bezeichneten Begleitstoffe sind organische und anorganische Substanzen.

Alle Beimengungen haben sowohl Einfluß auf das Aussehen als auch auf die Eigenschaften der Tone.

Ein durch Sand, Eisen und Kalk stark verunreinigtes Tonmineralgemenge ist der Lehm. Er wird hauptsächlich als Rohstoff zur Herstellung von Ziegelsteinen, Dachziegeln und Fußbodenplatten verwendet. Aus Lehm hergestellte Produkte sind fast immer unglasiert und niedrig gebrannt (bei Temperaturen zwischen 800 und 1000 Grad Celsius). Tonerde, Kieselsäure und Wasser bilden die Hauptbestandteile des Tons, der zum Töpfern verwendet wird. Begleitstoffe sind nur in geringen Mengen vorhanden.

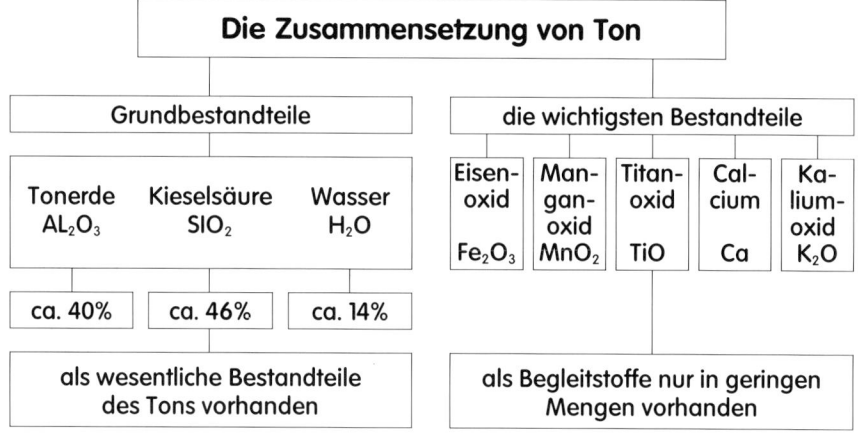

Fette und magere Tone

Die Bezeichnung fett oder mager bezieht sich nicht nur auf das Aussehen, sondern auch auf die Plastizität (Bildsamkeit) der Tonmassen.

Fette Tone
Oberfläche: glatt, feinkörnig, speckig-glänzend
Merkmale: hochplastisch, bildsam
Eigenschaften: starke Schwindung, deshalb Gefahr der Rissebildung beim Trocknen und Brennen; im plastischen Zustand gutes Bindevermögen – kann deshalb mit unplastischen Magerungsmitteln gemischt, das heißt gemagert werden
Verwendungszweck: als Freidrehmasse sowie für die maschinelle Formgebung wie Eindrehen – Überdrehen, Stanzen und Pressen geeignet

Magere Tone
Oberfläche: stumpf, grobkörnig und sehr rauh
Merkmale: weniger plastisch, daher kaum bildsam
Eigenschaften: geringere Schwindung beim Trocknen und Brennen; verringerte Gefahr des Reißens
Verwendungszweck: als Aufbau- und Modelliermasse geeignet, verwendbar zum Einformen von Kacheln; bedingt für maschinelle Formgebung geeignet

Um bei allzu fetten Tonen die negativen Folgen des Reißens und Verziehens beim Trocknen und Brennen zu verringern oder um eine grobkörnige, rauhe Oberflächenstruktur zu erzielen, kann die Tonmasse durch entsprechende Zusätze gemagert werden.

Wir unterscheiden zwischen organischen Magerungsmitteln (zum Beispiel Sägemehl, Häcksel, Torf, Kohlepulver, Kleie) und anorganischen Magerungsmitteln (zum Beispiel Schamottemehl). Die organischen Magerungsmittel (Beimengstoffe) verbrennen beim späteren Brand und hinterlassen dadurch Hohlräume, die den Tonscherben porös machen. Das Verhalten der anorganischen Magerungsmittel beim Trocknen und Brennen ist dagegen dem des Tons ähnlich. Sie verändern ihr Volumen nicht. Dies bewirkt, daß der Scherben weniger schwindet und weniger porös ist. Aus diesem Grund wird Schamotte als häufigstes Magerungsmittel verwendet.

Schamotte ist gemahlener gebrannter Ton, der in verschiedenen Körnungen von 0,5–5,0 mm im Handel erhältlich ist. Der Beimenganteil kann bis maximal 50% betragen.

Wird Schamottemehl einer bereits plastischen, fetten Tonmasse durch Einkneten beigemischt, muß es zuvor mit Wasser getränkt werden, bis der Sättigungsgrad erreicht ist. Sonst entzieht es der Tonmasse zuviel Feuchtigkeit.

Die Plastizität des Tons

Eine der wichtigsten Eigenschaften des Tons im Hinblick auf seine Be- und Verarbeitung ist seine Plastizität in feuchtem Zustand. Diese ist sehr wesentlich von seinem Wassergehalt abhängig. Tone bestehen hauptsächlich aus kleinen, plättchenförmigen Teilchen. Diese liegen wie Karten aufeinander und sind durch einen Wasserfilm voneinander getrennt. Dennoch lassen sich die Plättchen – bedingt durch den sie umgebenden Wasserfilm – gegeneinander verschieben. Andererseits werden die Plättchen durch die kapillaren und elektrischen Kräfte des Wassers so fest aneinandergebunden, daß der Zusammenhalt, also die innere Struktur der Teilchen, nicht verlorengeht.

Die Quellfähigkeit der einzelnen Tonminerale – plastische und unplastische Substanzen – die jeweilige Korngröße und der Wassergehalt (Anmachwassermenge) beeinflussen die Plastizität der Tone.

Die Tonmasse zum Drehen

Zum Drehen eignen sich am besten sehr plastische Tone, möglichst ohne Magerungsmittelzusatz. Die im Fachhandel angebotenen Massen (10–25 kg Hubel) sind luftdicht verpackt.

Die Tone unterscheiden sich hinsichtlich ihrer Färbung, ihres Brennbereichs (Sinterpunkt) und ihrer Plastizität.

Es eignen sich nicht alle Tone gleich gut für die verschiedenen Gefäßarten. Größere Gefäße, bauchige Gefäße oder solche, die auf engem Fuß stehen, ebenso weitausladende Schalen und Teller gelingen leichter mit festem Ton. Die Masse weist eine höhere Standfestigkeit, Eigentragfähigkeit, höhere Belastungs- beziehungsweise Druckfestigkeit auf und läßt sich deshalb auch dünnwandiger ausdrehen.

Die Beschaffenheit des Tons – ob von weicher oder fester Konsistenz – richtet sich nicht nur nach der Art des zu drehenden Gegenstandes, sondern hängt nicht zuletzt von Ihrem Können ab. Für die allerersten Dreh- und Formversuche ist in jedem Fall etwas weicherer Ton zu empfehlen.

Vertrauen Sie sich bei der Wahl Ihrer Drehmasse dem Fachhändler an. Die Farbe des Tons spielt später als »Glasurträger« eine bedeutende Rolle.

Die Aufbewahrung

Ton soll möglichst kühl und feucht gelagert werden. Kleinere Mengen können problemlos in Plastiktüten oder -folien luftdicht verpackt werden. Für größere Mengen eignen sich möglichst dicht verschließbare Plastikbehälter. Vor dem Verschließen ist es sinnvoll, eine der Behälteröffnung entsprechende 2–4 cm dicke, gut durchgefeuchtete Schaumstoffplatte aufzulegen, die bei Bedarf nachgefeuchtet werden kann. Werden angefeuchtete Tücher oder Lappen aus Naturfasern mit in die Behälter gelegt, besteht die Gefahr des Faulens.

Die Wiederverwendung von Tonresten

Völlig ausgetrocknetes Material wird mit dem Hammer zerkleinert und im Verhältnis 3 : 1 in Wasser eingestreut. Ist die Tonmasse mit Wasser gesättigt, so wird sie gut durchgemischt und dann weiterverarbeitet.

Noch nicht völlig ausgetrocknete Tonreste werden zu Klumpen gestaucht, mit dem Schneidedraht in 1–2 cm dicke Scheiben geschnitten und so lange in feuchte Lappen oder Schwammtücher eingepackt, bis die Masse genügend Feuchtigkeit aufgenommen hat.

Verschiedenfarbige Tone sind untereinander mischbar. Auf absolute Homogenität der neuen Masse ist zu achten, da sonst bereits beim Trocknen Risse entstehen. Zu fette Tone können durch organische oder anorganische Zusätze gemagert werden.

Tontagebau bei Brüggen/Nordrhein-Westfalen

Tonschlagen und -kneten

Sowohl fertiggekaufte als auch selbst aufbereitete Tone müssen für den Drehvorgang sorgfältig luftfrei geschlagen, durchgewalkt und geknetet werden. Inhomogenität und Luftblasen in der Masse sind häufige Ursache für das Wackeln und Eiern der Tonwandung beim Drehvorgang und für auftretende Risse und Fehler nach dem Brand.

Beim Tonschlagen rillen Sie einen quaderförmigen Tonbatzen auf seiner oberen Fläche mit den Fingerspitzen ein. Teilen Sie ihn in der Mitte von unten nach oben mit einem Schneidedraht oder einer Perlonschnur in zwei Hälften. Dann schlagen Sie diese beiden Hälf-

ten kräftig zusammen, wobei Sie darauf achten müssen, daß die beiden Rillenoberflächen aufeinanderliegen.

Diesen Vorgang (Einrillen, Teilen, Aufeinanderschlagen) müssen Sie sooft wiederholen, bis die Schnittfläche des Tonbatzens weder Schichtungen noch Luftblasen noch Unebenheiten aufweist.

Nach dem Schlagen erfolgt das Kneten. Sie können sich die Arbeit hierbei erleichtern, indem Sie die Höhe des Arbeitstisches niedriger einstellen als die Normaltischhöhe (Richtwert: Die Tischplatte sollte sich in Höhe der Handgelenke befinden, wenn Sie die Arme herunterhängen lassen). Die Untergrundplatte sollte Feuchtigkeit aufnehmen, damit der nasse Ton nicht

festklebt. Es eignen sich vor allem unlackierte Holz- und Spanplatten.

Nach dem Schlagen und Kneten wird der Tonbatzen durch mehrmaliges Aufschlagen auf seine Kanten zu einer Rolle gestaucht. Das Ausrollen oder Kneten zu einer Masse erfolgt durch wiederholendes Anheben und Herunterdrücken der Tonmasse. Dieser Vorgang ist vergleichbar mit dem Durcharbeiten eines Brotteiges und Ausformung zur Rolle. Seitliches Beklatschen oder Stauchen verhindert unerwünschte Nabelbildung (Vertiefungen) an den Walzenenden.

Die mit dem Schneidedraht abgetrennten oder durch Abreißen geteilten Portionen werden dann an den oberen und unteren Rändern zu Klößen geklopft.

1 Den Tonbatzen auf der Oberfläche mit den Fingerspitzen einrillen...

3 Den Tonbatzen zu einer Rolle stauchen und gut durchkneten

falsch

5 Beim Plazieren der Tonrolle auf der Scheibe darf die Tonrollenachse nicht...

2 ... und halbieren. Hälften zusammenschlagen (Rillenseiten aufeinander)

4 Die Tonrolle mit einem Draht in kleine Portionen teilen

richtig

6 ... in die Scheibenachse übergehen, sondern soll quer dazu liegen

Ob und wann ein Drehton gut durchgearbeitet ist, sehen Sie am besten an der Schnittfläche zweier Tonhälften. Zeigt er sich glatt, gleichmäßig und ohne Lufteinschlüsse, ist der erste und sehr wichtige Arbeitsschritt zum Drehvorgang geschafft und der Tonbatzen kann auf die Scheibe aufgeschlagen werden.

Es ist möglichst darauf zu achten, daß auf dem Scheibenkopf die Tonrollenachse nicht auf der Scheibenachse zu liegen kommt. Nur so wird die Rollenstruktur der Tonrolle am leichtesten zerstört und Bodenrisse werden vermieden.

Bevor nun das Drehen und Formen von Gefäßen, Schalen, Krügen und Kannen erläutert wird, noch einige wichtige Informationen und Tips zur Tonverarbeitung.

Das Trocknen und Schwinden

Beim Trocknen verringern magere Tone ihr Volumen um etwa 3–10%, fetter Ton sogar bis zu 15%. Das Wasser entweicht, die Tonteilchen rücken näher zusammen, die Gegenstände werden kleiner. Auf jeden Fall muß das Trocknen sehr langsam und gleichmäßig geschehen. Um Risse und nicht beabsichtigte Veränderungen zu vermeiden, müssen die verschiedenartigen Gefäße »individuell« getrocknet werden. Die Dauer des Trocknens hängt von verschiedenen Faktoren ab, nämlich von der Raumtemperatur und der Luftfeuchtigkeit, der Art der verformten Tonmasse (fett oder mager), der Größe und Art des Gegenstands.

Gefäße trocknen von oben nach unten. Deshalb stellen Sie sie am besten auf parallel, aber nicht dicht aneinanderliegende Holzleisten, die Sie von Zeit zu Zeit verschieben. Wenn möglich, stellen Sie die Gefäße auch mal auf den Kopf, um ein gleichmäßiges Trocknen zu erreichen.

In der 1. Phase des Trocknens, bis zum lederharten Zustand, soll das Gefäß locker mit Plastikfolie abgedeckt werden. Abstehende Formen wie Henkel, Tüllen und Ränder bleiben bis zum völligen knochenharten Austrocknen (2. Phase des Trocknens) mit Zeitungspapier abgedeckt.

Die Trockenzeit liegt bei dünnwandigen Gefäßen und Objekten bei etwa einer Woche. Beim Trocknen und Brennen schwindet der Ton durch den natürlichen Wasserverlust.

Um die genaue Schwindung Ihres Tons festzustellen, fertigen Sie aus der verarbeiteten Masse drei Probeplättchen mit einer Länge von 12 cm, einer Breite von 5 cm und etwa 1 cm Tonstärke. In alle 3 Plättchen werden eine oder zwei Linien von 10 cm Länge eingeritzt.

Nach völligem Austrocknen der Plättchen läßt sich die Trockenschwindung messen.

Bei Probeplättchen 2 und 3 kann nach dem Brennen (Schrüh- und Glattbrand) die jeweilige Schwindungsdifferenz errechnet werden. Die Trockenschwindung und die beiden Brennschwindungen ergeben zusammen die Gesamtschwindung.

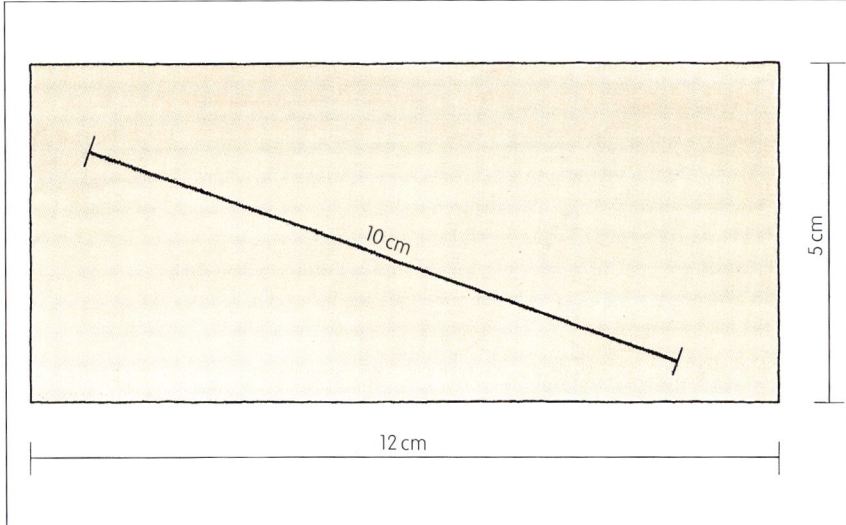

Die Schwindung des Tons durch Wasserverlust beim Trocknen und Brennen des Werkstücks muß während des Herstellungsprozesses berücksichtigt werden. Die Schwindung kann mit Hilfe von Probeplättchen bestimmt werden

Risse ausbessern

Das Ausbessern von Rissen und Bruchstellen nach dem Trocknen ist nur bedingt möglich, weil durch das stellenweise Befeuchten erneut Spannungen entstehen, die manchmal zu weiterer Rissebildung führen können.

Durchgehende Risse lassen sich nur äußerlich mit Schlicker (Ton mit Wasser verrührt) »verschmieren«. Tragen Sie mit einem Haarpinsel tropfenweise so lange Wasser auf, bis der Scherben um die Rißstelle herum 3–5 mm breit durchfeuchtet ist. Jetzt wird sehr dünnflüssiger Schlicker der gleichen Tonqualität (fett oder mager) mit dem Pinsel auf die Rißstelle aufgetragen. Die mit Schlicker bestrichenen Stellen werden vorsichtig, aber fest aneinandergepreßt, bis der überschüssige Schlicker herausquillt.

Diesen Schlicker erst wieder nach dem Trocknen abschaben.

Dem Tonschlicker kann zur besseren »Verklebung« bis zu 10% Engobe der jeweiligen Tonfarbe oder 10% eines zu Staub zerdrückten Segerkegels (Brennhilfsmittel) mit niedrigerer Brennstufe beigemischt werden.

Für die Reparatur von Rissen nach dem Brand eignen sich hervorragend Stein- und Marmorkitt, die die Schadstelle verkleben und gegebenenfalls auch füllen. Sie werden im Handel in flüssiger oder zähflüssiger Form und als Spachtelmasse angeboten. Mit färbenden Oxiden oder Dispersionsfarben läßt sich der Steinkitt der jeweiligen Glasurfarbe anpassen. Nach völligem Aushärten kann die reparierte Fläche zuerst mit einer groben Feile oder Raspel, dann mit Sandpapier völlig glattgeschliffen werden.

Werkzeuge und Hilfsmittel

Beim Formen und Gestalten von Ton ist das beste Werkzeug die Hand. Sie bearbeitet das Material gefühlvoll, das heißt sie »begreift« im wahrsten Sinne des Wortes das Material, spürt und fühlt seine Plastizität und Form.

Zu einem weiteren wichtigen Werkzeug, der Töpferscheibe, haben Sie bereits auf der Seite 9 einige Informationen erhalten. Die Handhabung und der richtige Umgang mit der Scheibe wird im Kapitel »Drehen will gelernt sein« erläutert.

Alle weiteren, unten aufgeführten Werkzeuge und Arbeitsgeräte ergänzen, je nach Bedarf, die gestaltgebenden Möglichkeiten der Hand.

- Schüssel mit Wasser zum Anfeuchten der Hände,
- Schwamm, um überschüssige Nässe außen oder innen im Gefäß wegnehmen zu können,
- Stockschwamm, um die sich bereits angesammelte Nässe innerhalb eines Kruges, einer Vase oder einer Kanne mit enger Gefäßöffnung aufnehmen zu können,
- gezwirnten Schneidedraht mit Holzgriffen oder ähnlichem, um das fertige Gefäß am Boden vom Scheibenkopf abzuschneiden oder abzulösen,
- spitzes Messer oder eine lange stabile, jedoch spitze Nadel, möglichst mit Haltegriff; beide dienen zum Abschneiden von Gefäßrändern,
- Drehschienen verschiedenster Formen aus Holz oder Plastik als Drehhilfe oder zur Formkorrektur,
- Lederstreifen zum Glätten von Gefäßrändern; 2 cm breite Streifen von Fensterledern eignen sich hervorragend für diesen Arbeitsgang,
- Abstellplatten aus Gips oder Schamotte, aber auch Spanplatten werden bereitgestellt. Die Platten dienen als Abstellflächen für bereits gedrehte Gefäße.

Das Foto zeigt eine Auswahl der wichtigsten Hilfsmittel, die zum Töpfern auf der Scheibe benötigt werden. Informationen über Spezialwerkzeuge erhalten Sie im Fachhandel

Der Brand

Erst durch das Brennen wird der Arbeitsprozeß abgeschlossen. Der gestaltete Ton erhält jetzt seine endgültige dauerhafte Form. Durch den Einfluß von Hitze findet eine Umwandlung sowohl der inneren (chemisch und physikalisch gesehen) als auch der äußeren Struktur (Farbe, Festigkeit, Größe) statt. Aus dem luftgetrockneten Ton wird durch den Einfluß der Hitze ein wasserfester und wasserunlöslicher Scherben.

Das zuvor spröde und zerbrechliche Werkstück ist nach dem Rohbrand leicht zu handhaben, zudem kann es beim anschließenden Glasieren von der nassen Glasur nicht mehr aufgeweicht werden. Der Roh- oder Schrühbrand (1. Brand) geht also in der Regel dem Glasurbrand (2. Brand; siehe S. 73) voraus. Die Brandführungen, das heißt die Geschwindigkeiten und Dauer der einzelnen Brennstufen, unterscheiden sich beim Roh- und Glattbrand wesentlich voneinander. Die jeweiligen Angaben der stufenförmig aufgebauten Brennphasen sind nur als ungefähre Richtwerte zu verstehen. Die keramischen Objekte bedürfen je nach ihrer Material- oder Scherbenstärke, ihrer Tonart und Gestaltungsweise einer entsprechend abgestimmten Behandlung beim Brennen. Sie finden sicherlich in Ihrer Umgebung eine Töpferei, ein Töpferstudio oder eine Schule, die Sie bei der Brennarbeit fachgerecht berät.

Sobald Ihre Töpferwaren lufttrocken sind, das heißt, daß das physikalisch gebundene Wasser verdunstet ist, kann der Brennofen zur Durchführung des ersten Brandes (Schrühbrand) bestückt werden. Da bei rohen, ungebrannten Tonwaren nicht die Gefahr des Aneinanderbackens oder Festklebens wie beim Glattbrand besteht, können Sie die Gefäße, Schalen und Kannen, soweit es das Brenngut zuläßt, auf- und ineinanderstapeln.

Brandführung beim Roh- oder Schrühbrand

1. Phase: Schmauchstufe

Die in dieser Phase benötigte Temperatur liegt zwischen 0 und 300° C. Der Temperaturanstieg sollte in der ersten Stunde nicht mehr als 100° C betragen, da sie die kritischste ist. In dieser Zeit wird die Restfeuchtigkeit (physikalisch gebundenes Wasser) abgegeben, das Wasser entweicht in Form von Wasserdampf. Bedingt durch die damit verbundenen Ausdehnungen kann es innerhalb des Scherbens zu Explosionen kommen, der Scherben platzt. Ein völliges Austrocknen des Brenngutes vor dem Brand wie auch ein sehr langes Tempern (Hochheizen) bei der Brandführung sind deshalb sehr wichtig.

Damit die Wasserdämpfe entweichen können, muß zunächst mit geöffneten Ofenklappen bis 120 oder 150° C etwa 90–120 Minuten getempert werden. Es folgt ein langsames Hochheizen bis etwa 300° C innerhalb weiterer zwei Stunden, wobei das chemisch gebundene Wasser (Kapillarwasser) entweicht. Die Ofenklappen bleiben dabei immer noch geöffnet.

2. Phase: Umwandlungsstufe

Innerhalb weiterer zwei Stunden sollte die Temperatur auf 600° C ansteigen. Bei circa 550° C findet ein Umwandlungsprozeß der Kieselsäure statt. Man nennt diese Umwandlung den »Quarzsprung«, da der Ton sich zunehmend dem Stadium der Verglasung nähert. Durch die Verbrennung der organischen Beimengungen und Substanzen im Ton entstehen Hohlräume und dadurch gleichzeitig eine starke Porosität. Weil bei diesem Prozeß Gase frei werden und entweichen müssen, ist noch immer das Offenhalten der Ofenklappen erforderlich. Auch wenn das Brennen ein recht langer Prozeß ist, haben Sie Geduld und beachten Sie die Hinweise.

3. Phase: Endstufe

Diese 3. Stufe geht bis etwa 950° C. Die Ofenklappen werden geschlossen. Das physikalisch und chemisch gebundene Wasser ist völlig entwichen. Die entstandenen Hohlräume werden durch Verschiebung der Tonteilchen aufgefüllt – diese rücken näher zusammen, der Scherben wird zunehmend dichter. Die Brennschwindung hat begonnen und liegt je nach Zusammensetzung des Rohstoffs zwischen 5 und 15%.

Bei etwa 850–950° C ist der Schrüh- oder Rohbrand beendet. Der Ton ist hart und zum Scherben erstarrt. Trotzdem ist der gebrannte, aber unglasierte Scherben noch porös und wasserdurchlässig. Diese Eigenschaft wirkt sich positiv beim anschließenden Glasieren aus, da durch die Saugkraft des Scherbens die festen Teilchen des Glasurschlammes an die Oberfläche gebunden werden.

Das Abkühlen des Ofens richtet sich nach der Menge des Brennguts. Ein dichtbestückter Ofen läßt die Temperatur nur langsam absinken. Ist die Temperatur auf 200° C abgefallen, kann die Ofentür vorsichtig einen Spalt geöffnet werden. Bei etwa 150° C – besser erst bei 100° C – kann man den Ofen schließlich ganz öffnen und ausräumen.

Ob ein Scherben noch Feuchtigkeit aufnimmt, können Sie nach dem Abkühlen ganz einfach prüfen. Drücken Sie Ihre Zunge oder einen angefeuchteten Finger an die Scherbenoberfläche. Ist die Oberfläche glänzend naß, handelt es sich um einen dichten Scherben.

Nach dem 1. Brand kann das Glasieren und der 2. Brand (Glasur- oder Glattbrand) erfolgen. Doch dazu mehr im Kapitel »Glasuren« ab Seite 70.

Als Hobbykünstler werden Sie sich kaum einen eigenen Brennofen aufstellen. Die vorstehenden Informationen sollen Ihnen jedoch veranschaulichen, was mit Ihren Werkstücken geschieht, bevor sie endgültig fertiggestellt worden sind.

Drehen will gelernt sein

Das Drehen auf der Töpferscheibe ist gleichsam ein Dialog zwischen dem Töpfer und dem Ton auf der sich drehenden Scheibe. Der Töpfer nutzt beim Formen der Gefäße die Zentrifugalkraft, die durch die Rotationsbewegung der Scheibe entsteht, muß sie aber gleichzeitig auch zu »überwinden« wissen. Runde symmetrische Gebilde und Gefäße entstehen nicht durch die Anwendung von Muskelkraft, sondern vielmehr durch innere Ruhe und etwas Fingerspitzengefühl des Töpfers. Nur durch die Erfahrungen und durch Fehler wie »Wackeln, Reißen oder Zusammensacken der Gefäße« lernt der Töpfer die Belastungsgrenzen des Tons kennen. Mit Geduld, Ausdauer, Fleiß und Selbstdisziplin läßt sich jedoch ganz sicher dieses faszinierende Handwerk rasch in den Griff bekommen.

Arbeitsphasen

Der Formvorgang aller auf der Töpfer-scheibe gedrehten Gefäße gliedert sich in folgende Arbeitsschritte:
1. Zentrieren
2. Lochsetzen
3. Aufbrechen
4. Bodensetzen und Bodenglätten
5. Hochziehen
6. Ausformen
7. Abdrehen

Grundsätzlich muß gesagt werden, daß das Wissen über die im folgenden Text erläuterten Arbeitsschritte (Handgriffe und die Druck- und Berührungszonen zwischen den Händen und Ton) neben etwas Geschicklichkeit Voraussetzung für das gute Gelingen der Tongefäße ist. **Grundsätzlich gilt:** Viele Griffabfolgen gehen sicherlich immer fließend inein-ander über, das heißt, sie werden im jeweiligen Moment wechselseitig angewandt und variiert.

Bei den jeweiligen Arbeitsabläufen können Sie durch die unterschiedlichen Berührungs- und Druckzonen zwischen den Händen und dem Ton ganz gezielt spezifische Formen unmittelbar und sensibel entstehen lassen. Der Ton rea-giert auf das, was Sie mit Ihren Händen mit ihm tun.

Auch die Rotationsgeschwindigkeit der Drehscheibe beeinflußt den Formungs-prozeß.

Die durch den Drehvorgang produzier-ten Gefäße und Objekte werden auf-grund unterschiedlicher Drehvorgänge eingeteilt in:
– geschlossene Formen,
– offene Formen.

Geschlossene Formen haben meist die zylindrische Form als Ausgangsform. Sie ist die Grundform fast aller Vasen, Krüge, Flaschen und der meisten Kan-nen, aber auch größerer Blumentöpfe. Zu den offenen Formen zählen sämtli-che Schalen, Schüsseln, Teller, Back- und Auflaufformen.

Sitzhöhe

Ihre Sitzhöhe sollte bei mittelgroßen Gefäßen circa 10 cm niedriger als der Scheibenkopf sein. Stellen Sie bei sehr großen Gefäßen die Sitzfläche entspre-chend höher ein. Die Knierundungen sollten etwa mit der Mitte des Schei-benkopfes abschließen. Wählen Sie eine bequeme und lockere Körperhal-tung. Beim Drehvorgang legen Sie die Ellbogen gegen den Körper oder stüt-zen Sie sie auf die Oberschenkel, um eine statische Haltung zu bewahren.

Handhabung der Scheibe

Die Zeichnung (rechts) zeigt Ihnen die Parallelität zwischen Zifferblatt und Drehscheibe. Der Vergleich erleichtert sprachlich die Darstellung der Arbeits-prozesse und ermöglicht Ihnen eine schnellere Orientierung auf der Scheibe. Die Scheibengeschwindigkeit richtet sich vor allem nach dem jeweili-gen Drehvorgang und Ihrem Können. Sie werden feststellen, daß die Rotation der Scheibe zudem durch den Drehvor-gang erheblich gebremst wird. Wählen Sie deshalb für die jeweiligen Arbeits-prozesse (zum Beispiel Zentrieren, Hochziehen, Ausformen) die entspre-chende Umdrehungszahl der Scheibe. Offene Schalenformen verlangen im Vergleich zu geschlossenen Gefäßfor-men eine Geschwindigkeitsreduzie-rung, da die Tonmasse durch die Zentri-fugalkraft stark nach außen drängt.

Druck- und Berührungsflächen der Hand

Sie werden beim Drehen schnell fest-stellen, welche Tonverformung Sie erzielen, wenn Sie nicht nur mit der gan-zen Hand den Ton bearbeiten. Aus dem Gefühl heraus werden Sie automatisch zum Formen eines Randes die Finger-spitzen einsetzen und das Herunter-drücken der gesamten Tonmasse mit dem Handballen ausführen.

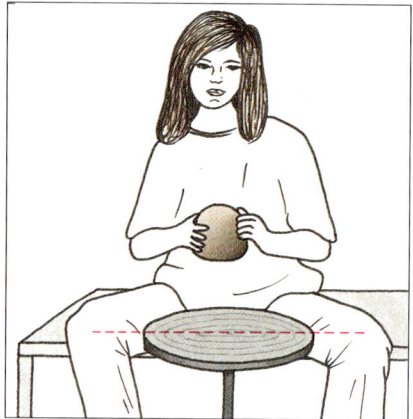
Die Sitzhöhe sollte 5–10 cm unter der Höhe des Scheibenkopfs liegen

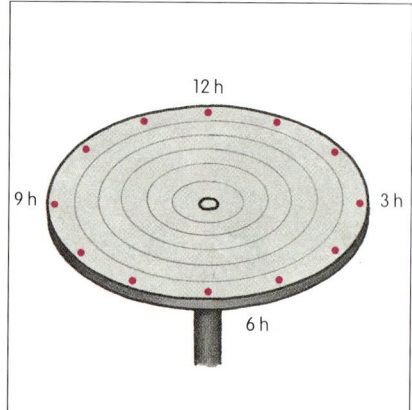
Die Töpferscheibe ist vergleichbar mit dem Zifferblatt einer Uhr

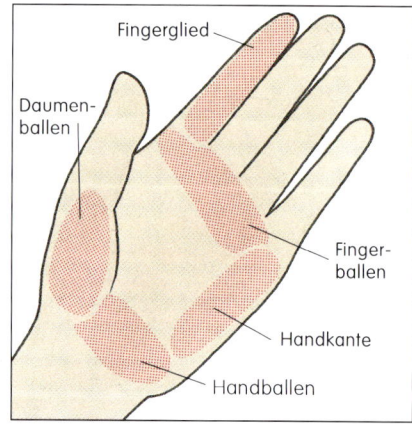
Schematische Darstellung der Druck- und Berührungsflächen der Hand

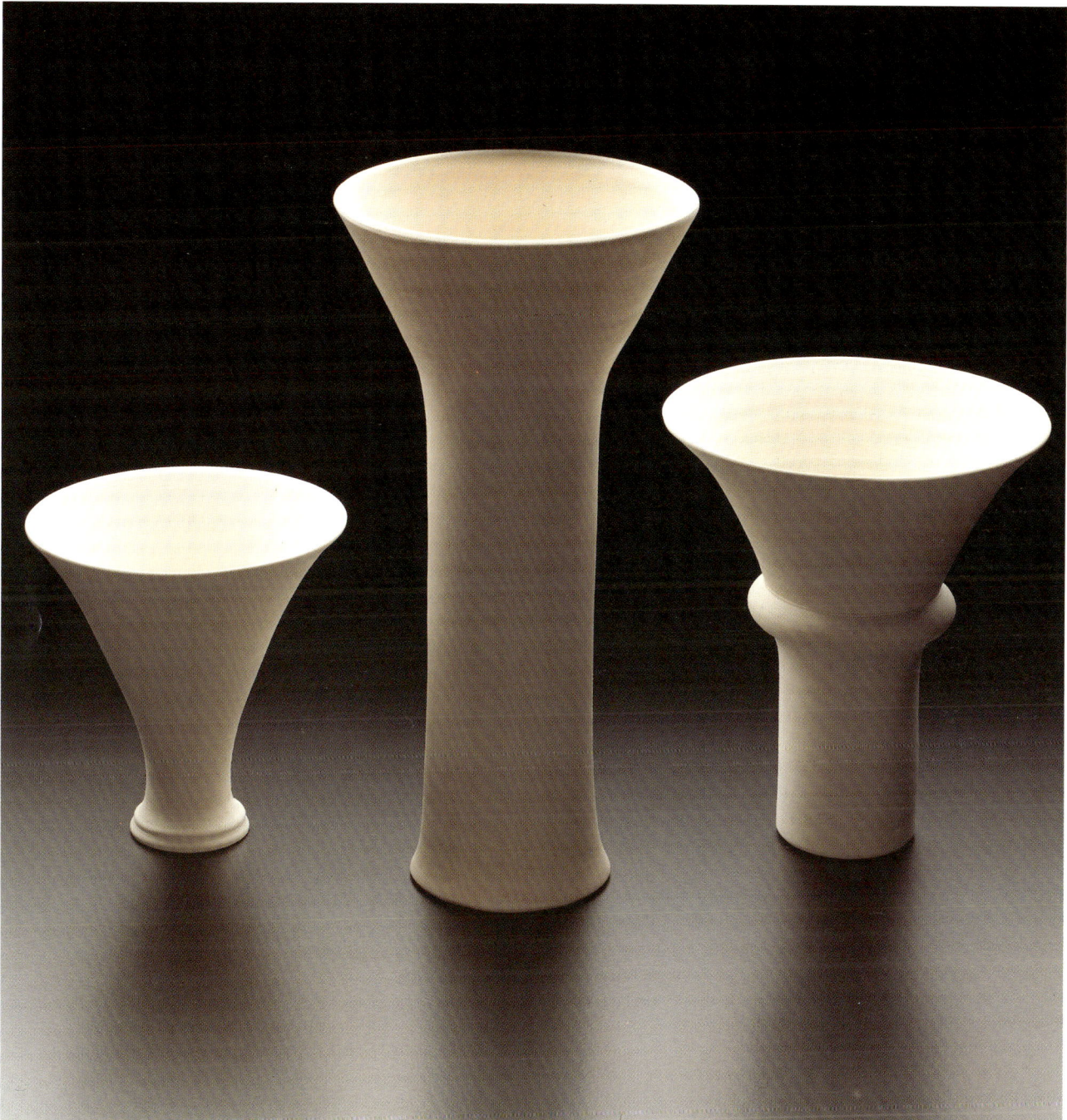

Glatte, zylindrische Gefäße lassen sich schnell und leicht drehen. Die zylindrische
Ausgangsform wurde hier durch wenige Handgriffe in differenzierte Trichterformen verwandelt

Zentrieren

Zentrieren bedeutet: den Tonklumpen in eine auf den Mittelpunkt der Scheibe ausgerichtete Position bringen. Lassen Sie niemals zu, daß Ihre Hände von dem noch unrund laufenden Tonbatzen mitgerissen werden, sondern lernen Sie, den Ton zu beherrschen. Zwingen Sie ihn ins Zentrum der Scheibe und dann zu einer ganz gleichmäßigen Drehbewegung.

Dies wird Ihnen rasch gelingen, wenn Sie alle Bewegungen und Handgriffe nicht ruckartig, sondern immer gleichmäßig durchführen. Auch sollte sich dabei die Scheibe mit gleichmäßiger Geschwindigkeit um ihre eigene Achse drehen.

Der Tonklumpen in der Scheibenmitte kann auf verschiedene Weise zentriert werden.

– durch Heranziehen
– durch Wegdrücken
– durch Gegeneinanderpressen der Hände

Heranziehen

Beim Heranziehen umfassen zunächst beide Hände die Masse möglichst großflächig und mit gleichmäßigem Druck von 12 Uhr aus.
Die Finger der linken Hand legen sich anschließend druckverstärkend über die der rechten Hand. Steigern Sie den Arbeitsdruck auf die Tonmasse jetzt stetig, bis ein Tonkegel hochsteigt.
Um ein Abreißen des höher wachsenden und dünner werdenden Kegels oberhalb der Handfläche zu vermeiden, muß die Masse wieder flacher gedrückt werden. Während der Handballen der linken Hand von oben die Masse niederdrückt, gleiten die Finger der rechten Hand großflächig am Tonbatzen entlang. Es entsteht dabei eine flache pilzähnliche Form.
Die Handfläche der linken Hand bleibt noch kurze Zeit pressend auf der bereits flach gedrückten Form liegen, während die rechte Hand mit den geschlossenen Fingern mit leichtem Druck von Richtung 12 Uhr ins Zentrum drückt.

1 Die Tonmasse mit gleichmäßigem Druck von 12 Uhr aus zum Mittelpunkt ziehen

3 Durch den ausgeübten Druck beginnt langsam ein Tonkegel aufzusteigen

4 Mit dem Handballen den Kegel wieder herunterdrücken

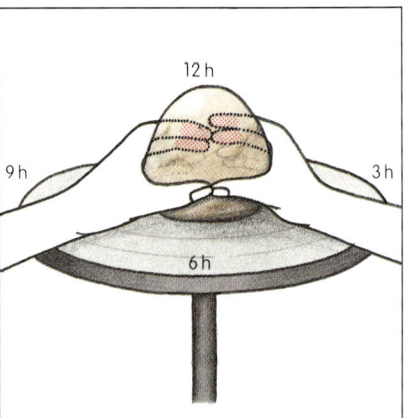

2 Dabei sollten die Finger der rechten und linken Hand übereinander liegen

Die beiden beschriebenen Arbeitsphasen, Kegel steigen lassen und niederdrücken, werden wechselweise so lange wiederholt, bis die Tonmasse gleichmäßiger strukturiert ist und zentrisch läuft.

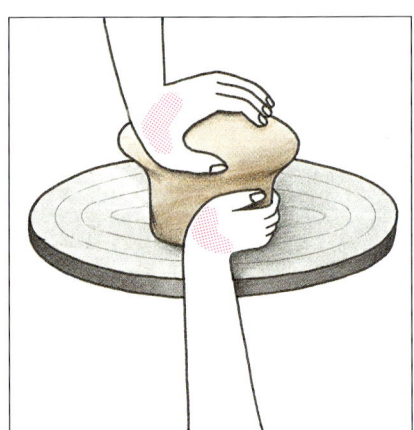

5 Die Hauptdruckflächen beim Herunterdrücken sind die Hand- und Daumenballen

Wegdrücken

Beim Wegdrücken vom Körper, dem sogenannten Hineindrücken ins Zentrum, erfolgt der Druck gegen die Tonmasse zunächst mit den Handballen beider Hände von 6 Uhr aus. Die Handkanten drücken zunächst von unten (dicht an der Scheibenoberfläche) gegen die Tonmasse.

Die Fingerflächen umfassen den Ton stützend wie eine seitlich angelegte Schablone, während die Daumen die wachsende Kegelspitze umklammern. Steigern Sie den Arbeitsdruck solange, bis die Kegelform zentrisch läuft.

Das weitere Vorgehen, also das Niederdrücken des Tonkegels zur Pilzform und wieder Steigenlassen zur Kegelform führen Sie durch wie auf Seite 22 beschrieben.

Gegeneinanderpressen der Hände

Der Tonklumpen läßt sich auch auf folgende Weise zentrieren. Stellen Sie beide Hände schräg wie ein Dach seitlich an den Tonklumpen und pressen Sie die Handballen von 9 Uhr und 3 Uhr in Richtung Scheibenzentrum. Analog zur steigenden Kegelhöhe ändert sich die Stellung der Fingerspitzen, diese umfassen während der gesamten ersten Arbeitsphase die Kegelkuppe und zentrieren diese mit.

Je nach Scheibenkonstruktion stemmen Sie während dieses Vorgangs die Ellbogen auf die Oberschenkel und unterstützen damit den Druck der Hände. Auch bei diesem Vorgang des Zentrierens muß der Tonkegel immer wieder heruntergedrückt werden.

Größere Tonmengen zentrieren Sie leichter mit den Handballen der schräggestellten Hände, indem Sie von oben nach unten zum Scheibenkopf hin arbeiten.

1 Auch von 6 Uhr aus kann der Tonbatzen ins Zentrum gedrückt werden

3 Der langsam aufsteigende Kegel wird fest von der gesamten Hand umklammert

4 Beim Gegeneinanderpressen der Hände drücken die Hand- und Daumenballen...

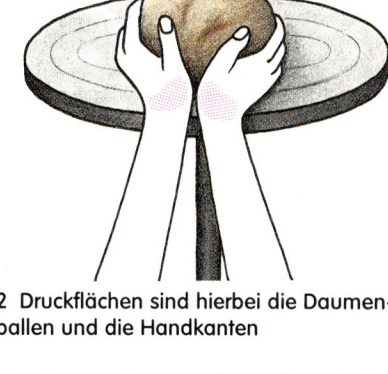

2 Druckflächen sind hierbei die Daumenballen und die Handkanten

Tip: Damit die Hände während des Drehvorganges leichter am Ton entlanggleiten, sollten sie ständig mit Wasser angefeuchtet werden. Dabei darf der Ton aber nicht zu naß werden.

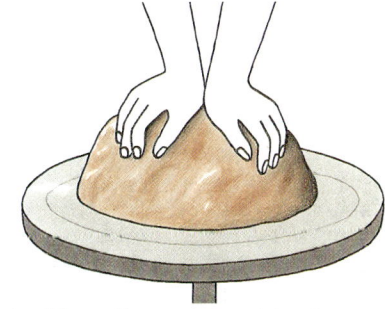

Bei größeren Tonmengen erfolgt die Druckausübung hauptsächlich von oben

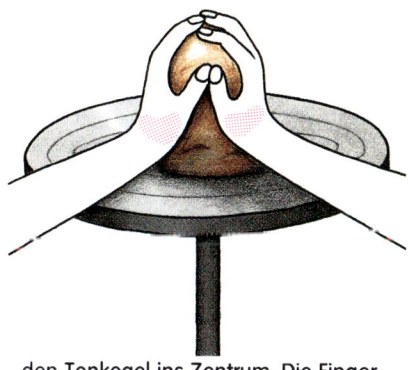

... den Tonkegel ins Zentrum. Die Finger üben einen leichten Gegendruck aus

Aufbrechen

Achten Sie vor diesem Arbeitsschritt darauf, daß die Auflagefläche des zentrierten Tonkegels in etwa dem Durchmesser des geplanten Gefäßbodens entspricht.

Lassen Sie die Scheibe mit circa 100 Umdrehungen in der Minute laufen. Das Aufbrechen kann auf unterschiedliche Weise erfolgen. Die Methode hängt nicht zuletzt davon ab, ob der Hohlraum in einem großen oder in einem kleinen Tonklumpen geschaffen werden muß. Im folgenden werden drei Arbeitsweisen des Aufbrechvorgangs erläutert.

Aufbrechen mit dem Daumen der rechten Hand

In die zentrierte Tonmasse drücken und pressen Sie den Daumen der rechten Hand wie einen Korken in die Mitte. Je steiler Sie den Daumen nach unten zum Boden hin drücken, um so tiefer wird die Öffnung.

Ist die gewünschte Bodenstärke erreicht, drücken Sie mit dem Daumen gegen die Zylinderwandung (Richtung 3 Uhr). Die anderen Finger der gleichen Hand gleiten dabei großflächig außen an der Wandung entlang.

Durch das Umfassen des rechten Handgelenks mit der linken Hand und durch das feste Anlegen der Oberarme an den Körper, gelingt es Ihnen bestimmt, die Hand ruhig zu halten. Diese starre, statisch konstruierte Haltung erleichtert es Ihnen zudem, den noch unrunden Bewegungen der Tonmasse besser standzuhalten.

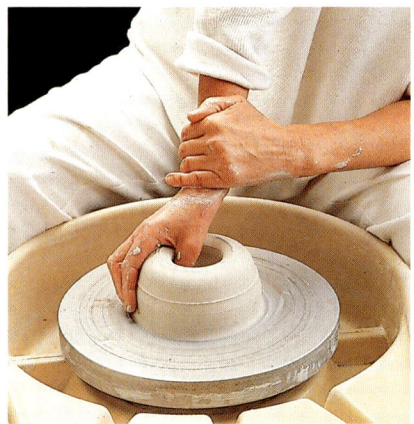

1 Langsam den Daumen in die Mitte des Tonbatzen drücken

2 Den Daumen dabei möglichst senkrecht zur Scheibenachse führen

3 Der Daumen drückt dann von innen gegen die Zylinderwandung

4 Durch das Umfassen des Handgelenks die formende Hand ruhighalten

1 Beim Scherengriff drängen die Daumen senkrecht in das Zentrum des Tons

2 Die Hohlform wird erweitert, indem die Daumen Richtung 3 und 9 Uhr drücken

3 Die Handflächen üben nur einen leichten Druck auf die Wandung aus

Aufbrechen durch den Scherengriff beider Daumen

In den Tonklumpen werden beide Daumen, die fest aneinandergepreßt werden, allmählich senkrecht in Richtung Boden eingedrückt. Durch scherenförmiges Auseinanderdrücken der Daumen (in Richtung 3 Uhr und 9 Uhr) erweitern Sie die Hohlform. Die Fingerflächen beider Hände gleiten dann bei leichter Druckausübung an der Außenseite des Zylinders entlang.

Aufbrechen mit Zeige-, Mittel- und Ringfinger

Diesmal drücken Sie zunächst den Mittelfinger der linken Hand in den zentrierten Tonkegel senkrecht nach unten. Ihm folgen die restlichen Finger der gleichen Hand. Drücken Sie so tief, bis die gewünschte Bodenstärke erreicht ist. Während dieses Arbeitsvorgangs liegt die rechte Hand auf dem Handgelenk der linken Hand und verstärkt so den Druck nach unten, zudem erleichtert diese Haltung das weitere Öffnen. Jetzt drücken Sie mit dem Mittelfinger im Inneren des Gefäßes in Richtung 3 Uhr. Es bildet sich dabei ein »untergriffiger« Wulst aus, an dem Sie anschließend beim Hochziehen der Wandung ansetzen.

1 Hier die Fingerhaltung beim Aufbrechen mit drei Fingern

2 Dabei verstärkt die rechte Hand den Druck nach unten

Bodenerstellung

Bodensetzen

Beim Bodensetzen wird der innere Durchmesser und auch die Bodenstärke des Gefäßes festgelegt, letzteres insbesondere dann, wenn Gefäße nicht abgedreht werden.

Um zu vermeiden, daß das Gefäß nach dem Abheben einen zu dünnen Boden aufweist oder dieser völlig fehlt, ist unbedingt darauf zu achten, daß je nach Gefäßgröße eine Bodenstärke von 5 bis 8 mm erhalten bleibt. Der durch das spätere Abschneiden des Gefäßes entstehende Tonverlust muß ebenso mit einkalkuliert werden, wie die Schwindung beim Trocknen und Brennen. Beabsichtigen Sie, das Gefäß abzudrehen, um einen Fußring oder einen Standring herzustellen, muß dies bei der Bodenstärke berücksichtigt werden.

Zum Messen der Wandungs- und der Bodenstärken eignet sich hervorragend eine in einen Korken gesteckte Nadel. Durch das Einstechen der Nadelspitze in den Ton läßt sich die jeweilige Wandungsstärke leicht bestimmen.

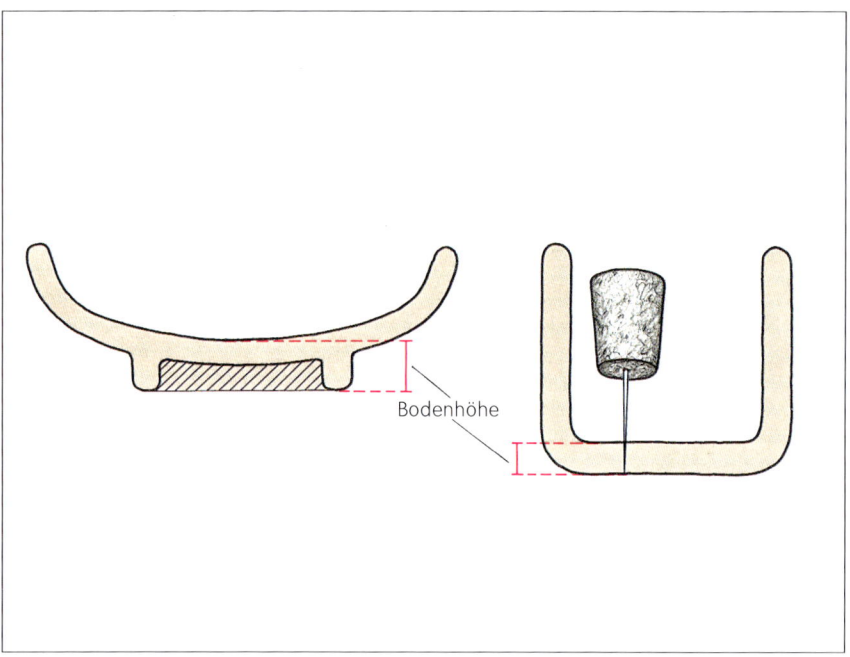

Bodenhöhe

Auch wenn bei einer Schale oder einem Teller Fußringe geplant sind, so muß zunächst ein flacher »Vollboden« gedreht werden. Die Bodenhöhe läßt sich leicht mit der Nadelprobe bestimmen

Bodenglätten

Glätten Sie den Boden, indem Sie die Fingerkuppen der linken Hand gleichsam als Block pressend auf dem Gefäßboden vom Mittelpunkt aus in Richtung Wandung nach 3 Uhr drücken. Kehren Sie die Bewegungsrichtung anschließend um, und arbeiten Sie von der Wandung in Richtung Zentrum. Diese beiden Vorgänge wiederholen Sie so lange, bis ein völlig ebenmäßiger Boden entstanden ist.

Durch das gleichzeitige Pressen der Finger gegen die Bodenfläche werden Lufteinschlüsse vermieden, die eventuell zu Bodenrissen führen können. Zudem erfährt der Ton durch das Pressen die gleiche Verdichtung, die ja auch bei der Gefäßwandung durch die anschließende Formung erfolgt.

Die Finger drücken hin- und hergleitend kräftig auf den Ton, bis der Boden tadellos eben geworden ist.

Beide Vasen haben die gleiche Standfläche und annähernd gleich große Öffnungen.
Nur durch die unterschiedliche Gestaltung des Mittelteils wurde jedes Gefäß zu einem
unverwechselbaren Einzelstück

Hochziehen

Das Hochziehen der Tonwandung ist gleichsam ein Dialog zwischen den beiden Händen und dem Ton. Vorsichtige, sensible Druckanwendung der einen Hand setzt immer einen gleichzeitigen ebenso sensiblen Gegendruck der anderen Hand voraus.

Die am häufigsten angewandte Arbeitsweise beim Hochziehen ist der Knöchelzug, wobei das Knöchelglied der rechten Hand am Gefäß außen arbeitet, und die linke Hand im Inneren des Gefäßes den Druck auffängt, ausgleicht und umkehrt.

Grund- und Ausgangsform für alle geschlossenen Formen wie Vasen, Kannen, Krüge und Flaschen ist der Zylinder. Je nach Gefäßgröße sollte das Hochziehen des Zylinders in 1–5 Zügen durchgeführt werden. Ein allzulanges Hochziehen bedeutet für den Ton eine zu große Wasseraufnahme, die ihn zu weich werden läßt und eine Instabilität zur Folge hat.

Beginnen Sie mit einem nassen Schwämmchen oder den Fingerspitzen der rechten Hand, am Zylinderfuß bei 3 Uhr eine untergriffige Wulstung zu drücken. Damit bereiten Sie die Ansatzstelle für das Hochziehen vor. Im Inneren des Zylinders drückt analog zur rechten Hand die linke, insbesondere der Zeigefinger, gegen die Tonwandung. Das Abstützen des Daumens auf dem Handrücken als Konstruktionsstütze ist bei dieser Arbeitsphase von großer Wichtigkeit.

Bewegen Sie nun die Hände vom Gefäßboden aus mit gleichmäßigem Druck langsam nach oben. Indem Sie den Tonwulst vor sich herschieben, steigt die Gefäßwandung in die Höhe. Beachten Sie unbedingt, daß die Scheibe immer eine ganze Umdrehung vollendet hat, bevor die Hände langsam nach oben geführt werden.

Verstärken Sie den Druck beim Arbeiten der oberen Gefäßwandung, indem Sie außen stärker als innen drücken, so daß sich der Zylinder etwas verjüngt, also enger wird. Die Druckveränderung ist notwendig, da durch die Zentrifugalkraft der Ton das Bestreben hat, nach außen zu drängen.

Zur Stabilisierung des Gefäßrandes beim Hochziehen ist nach jeder Phase jeweils der Zentriergriff für den oberen Gefäßrand angebracht. Dabei läuft der obere Gefäßring zwischen der Fingerspanne des Zeige- und Mittelfingers und wird durch leichten Druck nach unten zusammengedrückt. Der Zentriergriff wird ebenfalls angewandt, wenn der Gefäßrand zu dünn geworden ist. Der so entstandene feste Rand hält gleichsam wie ein Spannungsring die Form zusammen und verhindert ein Auseinanderfliehen der Wandung vom oberen Rand her.

Nach jedem Knöchelzug und dem Zentriergriff sollte ein Schienenzug folgen. Statt des Zeigefingerknöchels kann der äußere Druck mit einer Schienenkante erzeugt werden. Mit Hilfe eines Schienenzuges gelingt es meist leichter, eine unrund laufende Form wieder ins Gleichgewicht zu bringen. Zudem läßt sich, soweit dies gewünscht wird, eine glattere Oberfläche der Außenwandung erreichen.

1 Die Bewegung des Hochziehens der Wandung beginnt direkt am Boden

2 Eine ruhige Handhaltung erreicht man durch Abstützen des Daumens

3 Das Hochziehen verlangt ein genaues Zusammenspiel der formenden Hände

4 Während des Hochziehens den Gefäßrand durch den Zentriergriff verstärken

5 Hier eine Griffvariation zur Rand-
stabilisierung

Aus einer Grundform (gleiche Standfläche, Gefäßhöhe und -öffnung) entstehen
verschiedene Gefäßformen

6 Jedem Hochziehen (Knöchelzug) sollte
ein Schienenzug folgen

Beabsichtigen Sie eine bauchige Form zu drehen, ist es notwendig, die Wandung dicker zu halten, denn durch das Ausformen, Wölben, Erweitern einer Zylinderform wird die Tonwandung immer dünner.

Die Druckanwendung erfolgt beim Erweitern stufenweise und mit »Fingerspitzengefühl« im wahrsten Sinne des Wortes. Drücken Sie nicht mit den Fingerknöcheln, sondern nur noch mit den Fingerspitzen. Die linke Hand im Inneren des Gefäßes drückt nach außen (3 Uhr), während die Fingerkuppen oder -knöchel der rechten Hand, fast parallel geführt, den Druck außen abfangen und den Arbeitsvorgang begleiten.

Grundsätzlich sollten Sie darauf achten, daß beim Auswölben die Finger im Inneren des Gefäßes immer geringfügig (circa 1 cm) höher an der Gefäßwandung drücken, als die Finger an der Außenwandung.

Ein stärkeres Auswölben macht ein mehrmaliges Nachfassen (wiederholendes Ansetzen) der linken Hand im Gefäßinneren erforderlich. Arbeiten Sie bei der Formgebung stets von unten nach oben. Ist nur eine geringe Auswölbung gewünscht, setzen Sie mit dem Druck ein Stück unterhalb der geplanten Bauchzone des Gefäßes an. Somit ergibt sich dann ein fließender Übergang zur Wölbung.

Achten Sie immer darauf, daß Sie den Ton nicht »überfordern«, indem Sie die Tonwandung zu dünn ausformen. Es besteht sonst die Gefahr, daß der durch die Wölbung schwächlich gewordene Ton aufgrund der eventuellen Instabilität in sich zusammensackt.

Auch die ständige Wasseraufnahme des Tons, bedingt durch das ständige Anfeuchten der Hände, läßt den Ton rasch zu weich werden. Die Folge davon ist, daß das frisch geformte Gefäß in sich zusammensinkt. Verwenden Sie zum Anfeuchten deshalb möglichst den beim Drehvorgang anfallenden Schlikker anstelle von Wasser. Er ist ohnedies ein besseres Schmier- und Gleitmittel.

1 Das Auswölben erreicht man durch Druckanwendung von innen nach außen

2 Im Querschnitt läßt sich der Arbeitsprozeß gut erkennen

3 Auch bei stärkerem Auswölben nie zu großen Druck anwenden

4 Eine spätere ringförmige Auswölbung der Wandung beim Hochziehen (Wandungsstärke) mit einplanen

5 Bei der Formgebung hilft die rechte Hand mit, indem sie an der Außenwandung stützt

6 Der Übergang zur Auswölbung sollte fließend sein, damit die Gefäßform harmonisch gewachsen erscheint

Ob offene oder geschlossene Gefäße, ob Gebrauchs- oder Dekorationsgegenstände, der Phantasie sind bei der Gestaltung der Gefäßform keine Grenzen gesetzt. Die bewußt plazierten geometrischen Dekorationselemente ziehen den Blick des Betrachters an

Blickfang und Kontrast zu den bauchigen, runden Gefäßen sind die dreieckigen, flachen Henkel, deren besonderer Reiz das kleine Loch in der Mitte ist

Eine Verringerung des Gefäßumfanges, also eine Einengung der Form, erreichen Sie durch spezielle Schließgriffe. Arbeiten Sie während dieses Formungsprozesses langsam, und reduzieren Sie die Drehgeschwindigkeit der Scheibe. Schließen Sie den Formgebungsprozeß im unteren Teil des Gefäßes ganz ab, bevor Sie den oberen Teil endgültig einengen.

Insbesondere bei langen Gefäßhälsen und zu Beginn des Einengungsvorganges versuchen Sie mit dem »Drosselgriff« den Ton zu formen. Beide Daumen auf 6 Uhr und die Fingerflächen beider Hände auf 12 Uhr liegend, umfassen Sie ringförmig in gewünschter Höhe den

Zylinder. Bewegen Sie jetzt beide Hände langsam in streichender Bewegung nach oben in Richtung Gefäßrand, dabei gleichzeitig Druck zum Mittelpunkt hin ausüben und so den Zylinder einengen.

Bei Gefäßen mit engem Hals und beim Gefäßabschluß halten Sie am besten bereits beim Hochziehen die Öffnung so eng, daß es gerade noch möglich ist, eine Hand hineinzuschieben. Im Gegensatz zum Auswölbevorgang drängen diesmal die Fingerkuppen der rechten Hand an der äußeren Gefäßwandung die Form nach innen. Die Fingerkuppen arbeiten dabei circa 1 cm höher als die Finger der linken Hand im Gefäßinnern.

Vermeiden Sie unbedingt Druck nach unten, da sonst die Gefahr besteht, daß die Gefäßschulter absackt oder das Gefäß gar völlig in sich zusammensinkt. Bedingt durch die Einengung entstehen an der Innenwandung häufig sogenannte Massefalten. Auch wird der Ton durch diesen Arbeitsprozeß in sich zusammengeschoben und somit dicker. Deshalb ist eine wechselseitige Arbeitsweise von Einengen und erneutem »Masseausdrehen« notwendig.

Das Abstützen des Daumens hilft Ihnen, den Formungsprozeß ruhig und sicher durchzuführen. Letzte Korrekturen lassen sich mit einer gebogenen Drehschiene erreichen. Achten Sie jedoch

1 Auch das Einengen sollte langsam und in gleichmäßigen Zügen erfolgen

2 Beim Einengen drängen die Fingerkuppen die Wandung nach innen

3 Eventuell eine entsprechende Drehschiene zu Hilfe nehmen

1 Der 6-Punkte-Griff ist ein wichtiger Schließgriff zur Gefäßeinengung

2 Langsam die Fingerkuppen mit leichtem Druck an der Wandung nach oben führen

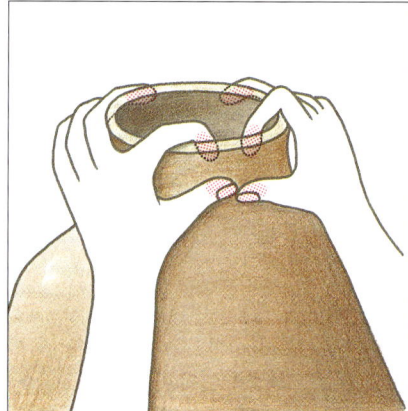

Die Zeichnung verdeutlicht die 6 Druckpunkte am Gefäßhals und -rand

darauf, daß Sie die Schiene flach anlegen.

Ein anderer wichtiger Schließgriff ist der 6-Punkte-Griff, bei dem die Daumenkuppen bei 6 Uhr und die Ringfingerkuppen bei 12 Uhr den Gefäßhals umfassen. Dazwischen liegen die angewinkelten Knöchel beider Mittel- oder Zeigefinger bei 3 Uhr und 9 Uhr kreisförmig um den Gefäßhals verteilt und drücken die Gefäßwand vorsichtig zusammen.

Haben Sie wenig Dreherfahrung, so sollten Sie auch das Einengen zunächst einmal üben. Gerade beim Töpfern gelingen die Formgebungsprozesse nicht immer beim ersten Versuch.

Der Reiz dieser bauchigen Enghalsgefäße beruht auf dem Spannungsverhältnis von weiten runden und schmalen engen Formelementen

Der Rand ist gleichsam die »Krönung« des Gefäßes. Es gibt unzählige Variationsmöglichkeiten, die das Aussehen des Gefäßes stark prägen können. Ebenso bestimmt auch die Funktion des Gefäßes die Randgestaltung. Bei Trinkgefäßen ist natürlich wichtig, wie gut es sich daraus trinken läßt. Zu dicke, wulstige oder kantige Ränder sind ungeeignet und nicht funktionsgerecht. Ränder, die sich bei der Formgebung infolge unregelmäßigen Hochziehens schief und wellig ausbilden, schneiden Sie rasch mit einer spitzen Nadel ab. Setzen Sie dazu die Nadelspitze bei 3 Uhr an und lassen die Scheibe bei gleichbleibender Geschwindigkeit weiterlaufen. Sobald der Rand durchtrennt ist, heben Sie den Ring rasch nach oben ab.
Nach dem Abschneiden läßt sich schnell wieder ein Spannungsring am Gefäßrand herstellen, indem Sie mit dem aufgelegten Zeigefinger der rechten Hand etwas Druck auf den Rand ausüben. Je nach Winkelstellung und Druckausübung des aufgelegten Fingers bildet sich ein flacher, schräger oder abgerundeter Rand.
Am schönsten gelingt ein abgerundeter Rand mit Hilfe eines dünnen, weichen und angefeuchteten Lederstreifens.

Legen Sie den Streifen bei 3 Uhr vorsichtig auf den Gefäßrand und lassen das Gefäß einige Umdrehungen zwischen dem Streifen weiterlaufen, ziehen Sie den Lederstreifen beidseitig allmählich nach unten, um somit die Innen- und Außenkante der Wandung teilweise mit abzurunden.
Es können durch spezielle Handgriffe sehr unterschiedliche Randvarianten gestaltet werden. So erreichen Sie einen flachen, etwas breiteren Rand, indem Sie den Schalenrand zwischen dem Daumen und dem Zeigefinger der linken Hand hindurchgleiten lassen. Gleichzeitig wird mit dem flach aufgelegten Zeige- oder Mittelfinger der rechten Hand der Druck nach oben am Schalenrand wieder abgefangen.
Der so ausgeformte flache bandförmige Rand läßt sich rasch verändern. Durch erneute Druckausübung mit dem Zeige- oder Mittelfinger in der Randmitte entsteht eine Rille, die wiederum variiert werden kann. Eine weitere Randausformung, bei der eine flache abgeschrägte Kante entsteht, läßt sich ebenfalls durch die oben beschriebene Fingerstellung erreichen. Jedoch wird die Druckausübung der linken Hand im entsprechenden Winkel verändert.

Unregelmäßig verlaufende Ränder mit einer Nadel abschneiden

Mit Hilfe eines dünnen, angefeuchteten Lederstreifens den Rand glätten

Mit Hilfe des angefeuchteten Zeigefingers wird der Rand abgeflacht

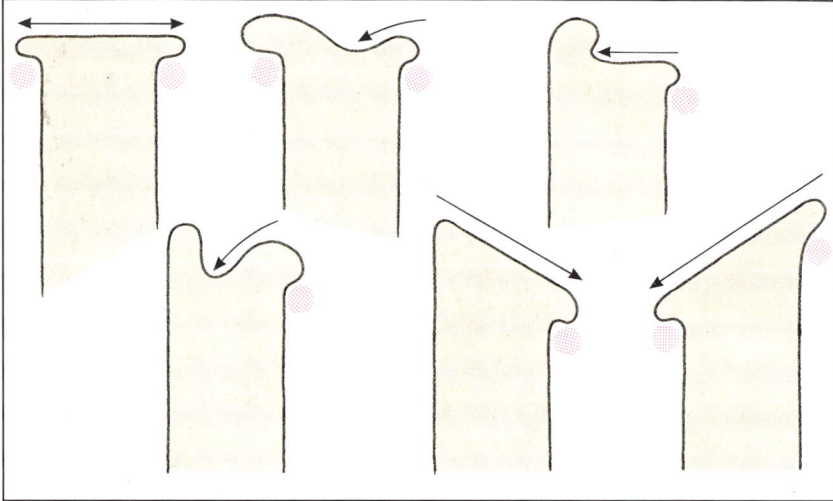

Die Zeichnung veranschaulicht mögliche Randgestaltungen. Die Punkte und Pfeile geben die jeweiligen Druckpunkte und Flächen an

1 Das Gefäß mit einem Schneidedraht vom Scheibenkopf trennen

2 Das Gefäß vorsichtig von der Scheibe gleiten lassen

Tip: Nach dem Bodensetzen und insbesondere vor dem Abheben des Gefäßes muß der Drehschlicker, der sich auf dem Gefäßboden angesammelt hat, mit einem (Stock-)Schwamm weggenommen werden.

Unsachgemäßes Abschneiden und Abheben des gedrehten Gefäßes vom Scheibenkopf kann in wenigen Sekunden unangenehme Verformungen oder Schlimmeres zur Folge haben. Bereiten Sie deshalb diesen Vorgang gut vor.
Stellen Sie sich die Abstellplatte (Gips- oder Holzplatte, Abstellfliese oder Tragbrett) in nächster Nähe bereit. Sie muß frei sein von trockenen Tonkrümeln oder Ähnlichem. Zum Abschneiden verwenden Sie am besten einen gezwirnten dünnen Draht oder eine Perlonschnur. Bevor Sie zum »Schnitt« ansetzen, entfernen Sie mit einem nassen Schwamm zuerst den Drehschlamm vom Scheibenkopf. Geben Sie anschließend mit einer Hand etwas Wasser bei 12 Uhr auf die Scheibe. Jetzt spannen Sie mit beiden Händen den Draht, pressen diesen mit den Daumen fest auf den Scheibenkopf und ziehen den gespannten Draht von 12 Uhr nach 6 Uhr unter dem Boden des Gefäßes hindurch. Der Draht zieht meist schon beim ersten Versuch etwas Wasser mit in den Schnitt ein. Falls sich das Gefäß noch nicht von der Stelle bewegen läßt, ist ein mehrmaliges Durchziehen des Drahtes durch den Schnitt notwendig, um den erforderlichen Wasserfilm, auf den das Gefäß anschließend geschoben werden soll, zu erreichen. Trocknen Sie jetzt Ihre Hände und legen Sie sie im Halbkreis an den Gefäßboden an. Bei sehr sanfter Druckausübung lassen Sie das Gefäß nun auf dem Wasserfilm an die Scheibenkante gleiten.
Das Abheben und Abstellen auf einer Gipsplatte erfolgt, indem Sie das Gefäß so weit über die Scheibenkopfkante hinausschieben, bis Sie Ihre flach ausgestreckte Handfläche unterschieben können. Fassen Sie mit der anderen Hand tief an der Wandung an, und heben Sie das Gefäß ab.

Aus der gleichen bauchigen Grundform entstanden drei unterschiedliche Gefäße. Der spätere Verwendungszweck bestimmt die Gestaltung von Gefäßhals und -rand

Grundwissen

Offene Formen sind Schalen, Schüsseln, Teller und Gefäße mit weiten Öffnungen. Das Drehen solcher Formen erfordert eine andere Arbeitsweise als das Drehen geschlossener Formen, da die Zentrifugalkraft die rotierende Tonmasse hierbei stärker nach außen drängt. Sie sollten für die offenen Formen einen festeren Ton verwenden, da er eine bessere Standfestigkeit aufweist. Durch den Zusatz von feingemahlenem Schamottemehl kann sowohl eine bessere Standfestigkeit erzielt als auch die Rißbildung beim Trocknen und Brennen verringert werden. Das Zentrieren der Masse erfolgt bei größeren Gefäßen möglichst auf einem Scheibenkopfduplikat wie auf Seite 39 beschrieben.

Die Ausformung von Böden und Rändern erfordert bei offenen Gefäßen aus technischen, statischen und ästhetischen Gründen eine andere Formgebung. Während die Böden bei zylindrischen Gefäßen möglichst flach und gleichmäßig dick sein sollten, verlangen die Böden von Schalen und Tellern fast doppelt so dicke, meist leicht gewölbte Böden.

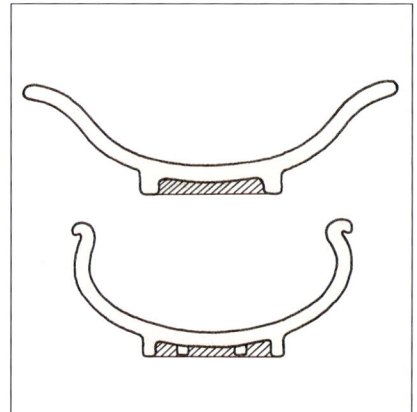

Soll die Schale einen oder mehrere Fußringe erhalten, so wird der überschüssige Ton später herausgeschält

Das leichte Ansteigen des Bodens ist deshalb zu empfehlen, da er sich beim Trocknen allzuleicht verzieht und während des Brennens nach unten durchhängt oder absackt. Soll die fertige Schale oder der Teller einen Fuß erhalten, muß später die überschüssige Masse durch Heraus- oder Wegschälen weggenommen werden. Voraussetzung dafür ist natürlich ein entsprechend dick geformter Boden.

Die gestrichelten Flächen zwischen den Fußringen werden während des Abdrehens weggenommen

Aufbrechen, Bodensetzen, Hochziehen

Beim Lochsetzen oder Öffnen des Tonbatzens für Schalen und Teller gibt es verschiedene Möglichkeiten, wobei hier nur die wichtigsten aufgezeigt werden sollen.

Das Öffnen des zentrisch laufenden Tonkegels vollziehen Sie am besten mit den Fingern der linken Hand. Zuerst drängen Sie den Mittelfinger, ihm folgend alle weiteren Finger derselben Hand, nach unten in Richtung Boden. Da für diesen Arbeitsprozeß ein beachtlicher Druck erforderlich ist, unterstützen Sie diesen Vorgang mit den Fingern der rechten Hand, die Sie druckunterstützend mit in die Öffnung pressen. Durch diese Arbeitsweise bildet sich bereits eine trichterförmige Öffnung aus.

Formen Sie nun mit den Fingerkuppen der linken Hand im Schaleninneren vom Mittelpunkt ausgehend in Richtung 3 Uhr einen entsprechend dicken Boden mit sanft aufsteigender Kurve aus. Denken Sie daran, daß das »Verdichten« der Tonmasse bei Böden sehr wichtig ist.

Der spätere Verwendungszweck bestimmt die Weite der Schalenöffnung und die Höhe der Wandung

Das Hochziehen der Schalenwandung vollziehen Sie mit dem Knöchelgriff. Bitte beachten Sie die Bewegungs-/Arbeitsrichtung der Hände. Die Formgebung verläuft nicht senkrecht nach oben wie bei zylindrischen Gefäßen, sondern schräg nach außen hin, entsprechend der von Ihnen angestrebten Schalenform.

Größere, weitausladende Schalen und Teller beginnen Sie am besten mit einem größeren Durchmesser der Standfläche. Zentrieren Sie den Tonbatzen wie gewohnt auf dem Scheibenkopfduplikat, und öffnen Sie mit den Fingern der linken Hand wie bereits beschrieben. Da der Tonkloß eine sehr breite Auflagefläche hat und weit aufgebrochen wird, kann sich beim Loch- und Bodensetzen um die entstehende Öffnung ein aufwölbender Ring ausbilden. Versuchen Sie diesen Ring möglichst rasch, eventuell mit der Handkante, wieder nach unten zu drücken, um Schlicker- und Lufteinschlüsse zu vermeiden. Je nach Bodengröße glätten und verdichten Sie die leicht ansteigende Bodenpartie in gleicher Weise wie beim Zylinder. Drücken Sie die Fingerkuppen der rechten oder linken Hand gleichsam als Block auf den Gefäßboden, führen die Hände vom Mittelpunkt aus quer über den Boden. Kehren Sie die Bewegungsrichtung unter entsprechender Druckverlagerung anschließend um.

Vor dem Hochziehen sollten Sie aber die Umdrehungsgeschwindigkeit der Scheibe reduzieren. Setzen Sie dann mit dem Knöchelgriff der rechten Hand am Boden der Außenwandung an. Ziehen Sie langsam den Ton zu einer leicht ausladenden Wandung hoch. Die linke Hand im Schaleninneren begleitet dazu parallel mit verstärkter Druckausübung den Vorgang. Der Prozeß wird solange wiederholt, bis die Schale in etwa die gewünschte Wandstärke erreicht hat.

1 Beim Öffnen ist starker Druck durch die aufbrechende Hand erforderlich

2 Mit dem Knöchelgriff die Schalenwandung hochziehen

3 Gerade bei Schalen sollte die Randausformung sehr sorgfältig erfolgen

4 Die »Fahne« eines Tellers erst zum Schluß ausformen, damit sie nicht absackt

Bestimmen Sie die endgültige Weite der schräg auslaufenden Form erst mit dem letzten Zug des Gestaltungsprozesses unter Berücksichtigung der Fliehkraft und des Eigengewichts des Tons.

Dies gilt natürlich auch für die flach auslaufende »Fahne« eines Tellers. Beim Ausformen einer Fahne drücken Sie die Fingerkuppen der Hand im Schaleninneren von oben her vorsichtig gegen die Tonwandung, während die geschlos-senen Fingerflächen oder das Knöchelglied der anderen Hand den Gegendruck auffangen und gleichsam wie eine Schablone die ausschwingende Tonwandung stützen.

Tip: Ihre ersten Arbeiten sollten möglichst nicht zu weit ausladende Schalen sein, da Sie zunächst ein Gefühl dafür bekommen müssen, wie stark die Masse durch die Rotationsbewegung nach außen drängt.

Glätten

Das Glätten ist bei offenen Formen deshalb von großer Wichtigkeit, da sich das Auge mehr auf die Innenform der Schale richtet. Die im Schaleninneren deutlich sichtbare perfekte (gespannte) Form soll möglichst bereits beim Drehvorgang erreicht werden.

Geringe und letzte Korrekturen wie zum Beispiel die Beseitigung von Fingerspuren (soweit diese als störend empfunden werden), lassen sich mit biegsamen, abgerundeten Hilfsmitteln wie Drehschienen, Plastikschaber, flexiblen Metallscheiben und ähnlichem durchführen. Eine glatte, fließende Innenwölbung wird außerdem erreicht durch die Verwendung entsprechend geformter dünner Bleche. Diese lassen sich durch zusätzliches Biegen entsprechend der geplanten Wölbung der Innenform verändern. Legen Sie die Schiene zum Glätten so an, daß sie sich an die Form anschmiegt. Ziehen Sie die Schiene dann so oft über die Oberfläche der Schalenwandung, bis die Formgebung vollendet ist.

An dieser Stelle muß noch einmal ausdrücklich darauf hingewiesen werden, daß der Rand, insbesondere bei Schalen und Tellern, einen bedeutenden Stellenwert einnimmt. Er verleiht dem Gefäß nicht nur den krönenden Abschluß hinsichtlich seiner ästhetischen Gestalt, sondern hält (gleichsam wie ein Spannungsring) die relativ labilen und zum Absacken gefährdeten offenen Formen zusammen. Die Ausformung des Randes soll deshalb vor der endgültigen Abflachung des Gefäßes (Formung der Fahne bei Tellern) erfolgen. Eine erneute Druckanwendung zur Randgestaltung würde unausweichlich ein Herunterklappen oder Absacken der Fahne zur Folge haben.

Abheben

Geschlossene Gefäße weisen genügend Stabilität auf, so daß sie mit beiden Händen tief unten, wo der Boden Widerstand leistet, umfaßt und von der Scheibe abgehoben werden können. Gefäße mit weiten Öffnungen, vor allem Schalen und Teller, neigen besonders leicht zu Verformungen.

Legen Sie deshalb vor dem Abheben auf den angefeuchteten Rand ein Zeitungsblatt. Es soll mit dem Rand abschließen, das heißt, es soll sich wie eine Trommelhaut über das Gefäß spannen. Das im Hohlraum eingeschlossene Luftpolster hilft, Deformierungen zu vermeiden.

Die Innenfläche einer Schale mit einer flexiblen Metallschiene oder ...

Zum Abheben von offenen Gefäßen eine Zeitung verwenden

Sind dennoch Verformungen entstanden, umschließen Sie die Gefäßwandung tief am Gefäßboden mit beiden Händen und üben vorsichtig Druck aus. Ihr Gefäß findet dabei von selbst wieder in die Kreisform zurück.

Gefäße, die auf einem Scheibenkopfduplikat gedreht wurden, heben Sie samt der Platte ab. Ein Durchtrennen oder Lösen von der Unterlage ist dennoch erforderlich, um beim Schwindungs- und Trocknungsprozeß Spannungen in der Schalenwandung und Bodenrisse zu vermeiden. Das Durchtrennen führen Sie wie auf Seite 35 beschrieben durch, jedoch diesmal ohne Wasserfilm, aber genauso vorsichtig!

... einer Drehscheibe aus Plastik glätten

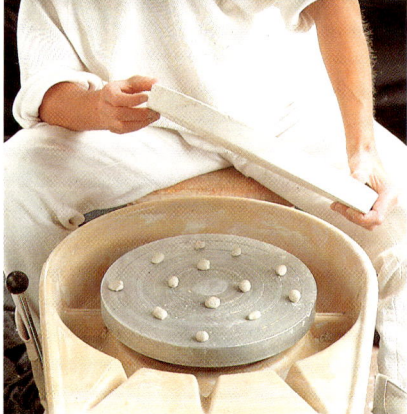

Auch Scheibenkopfduplikate erleichtern das Abheben

Scheibenkopfduplikate

Beim Abheben von weithalsigen Gefäßen, Schalen, Tellern und Rahmen entstehen oft ungewollte Verformungen. Um diesen vorzubeugen, empfiehlt es sich, Ersatzscheibenköpfe, sogenannte »Scheibenkopfduplikate«, zu verwenden. Sie sind aus porösem Material wie zum Beispiel Gips, geschrühtem Ton und eventuell auch aus Holz hergestellt. Man kann diese Scheibenkopfduplikate auf unterschiedliche Weise auf dem Scheibenkopf befestigen.

– Verteilen Sie mehrere weiche Tonkügelchen auf dem Scheibenkopf, darauf legen Sie zentrisch das angefeuchtete Duplikat und drücken und klopfen es mit den Handflächen und -kanten fest.

– Legen Sie einen oder zwei sehr dünne Ringe aus Tonwülsten auf den angefeuchteten Scheibenkopf. Drehen Sie die Ringe ganz flach auf, und zeichnen Sie einige Spurrillen ein. In gewohnter Weise das Scheibenkopfduplikat darauf befestigen.

– Bringen Sie weichen Ton oder Schlikker auf den Scheibenkopf. Nach dem Aufdrehen dieser Masse kerben Sie mit einem spitzen Gerät einige Spurrillen ein, anschließend wird das angefeuchtete Scheibenkopfduplikat aufgelegt und festgedrückt.

Die Variationsmöglichkeiten einer Grundform sind nahezu unbegrenzt

Beim Drehen großer Gefäße liegt die Schwierigkeit zunächst in der Bewältigung der großen Tonmenge, die geschlagen, geknetet und zentriert werden muß. Die Bearbeitung von Tonmengen über 5 kg erfordert einen erheblichen Kraftaufwand.

Teilen Sie die für Ihren Drehvorgang geplante Tonmenge in 2 oder 3 Portionen, und arbeiten Sie die einzelnen Portionen in bekannter Weise durch (siehe Tonschlagen und -kneten Seite 14). Die einzelnen Teile müssen mehrmals aufgeteilt, vermischt und untereinander verknetet werden, so daß sich eine homogene Gesamtmasse ergibt.

Das Zentrieren des gesamten Tonbatzens erfolgt unter noch größerer Druck- und Kraftaufwendung auf die bereits bekannte Weise. Es bietet sich aber noch eine weniger anstrengende Methode an: Zentrieren Sie in Etappen! Zu Beginn zentrieren Sie den ersten Tonbatzen zur Pilzform. Nehmen Sie, bevor Sie den nächsten Tonbatzen möglichst genau in der Mitte aufsetzen, mit der Drehschiene an der Ansatzstelle des bereits aufgedrehten Tonbatzens den Drehschlicker weg. Dann zentrieren Sie, indem Sie abwechselnd den oberen Tonkegel nach unten und umgekehrt den unteren nach oben arbeiten. Sobald die aufeinandergesetzten Tonbatzen ineinander übergehen und gleichmäßig rund laufen, können Sie einen weiteren aufdrehen.

Das Aufbrechen erfolgt zunächst mit allen Fingern der Hand, Sie können aber auch mit der Faust ins Zentrum und dann in Richtung Boden eindringen. Beim Aufbrechen dieser Art passiert es öfter, daß die Tonmasse dezentriert, und somit ein erneutes Zentrieren notwendig wird.

Bei bereits geöffneten Formen korrigieren Sie, indem Sie mit dem Handballen der rechten Hand bei 5 Uhr die Tonwandung von außen in Richtung Mittelpunkt drücken, während die linke Hand von innen den Druck auffängt und somit das zentrische Gleichgewicht wiederherstellt. Eine andere Möglichkeit ist das halbkreisförmige Umschließen der unrund laufenden Form. Beide Handflächen üben dabei gleichzeitig Druck in Richtung Zentrum aus.

Die einzelnen Züge beim Hochziehen werden wie gewohnt durchgeführt. Übersteigt die Höhe ein Maß von 35 cm, erleichtert Ihnen eine aufrechte, also stehende Haltung das Arbeiten.

1 Aufschlagen des zweiten Batzens auf den bereits zentrierten ersten

2 Den zweiten Tonbatzen möglichst zentrisch aufsetzen

3 Die Batzen gut miteinander verdrehen, so daß eine einheitliche Masse entsteht

Bei Gefäßen über 35 cm erleichtert eine stehende Haltung das Hochziehen der Gefäßwandung

Die Bodenlampe setzt sich aus zwei separat gedrehten Teilen, die jedoch exakt aufeinander passen, zusammen

Einzelteile vor- und zusammendrehen

Der erforderliche Kraftaufwand beim Drehen von Gefäßen steigt mit der Gefäßgröße. Um sich die Arbeit bei Stücken ab 45 bis 50 cm zu erleichtern, kann man zwei bis drei vorgedrehte Teilstücke durch anschließendes Aufeinandersetzen miteinander verbinden und zusammendrehen. Es bieten sich verschiedene Methoden an.

Drehen Sie 2 bis 3 dickwandige Teilstücke (möglichst zylindrisch) ohne Boden, aber mit Flansch (Bodenring) und breitem flachen oberen Rand. Das untere Gefäßteil drehen Sie dann als letztes Teil natürlich mit Boden. Es bleibt auf dem Scheibenkopf stehen.

Jetzt wird das vorbereitete Mittelstück auf das Fußstück paßgerecht aufgesetzt. Setzen Sie dabei Rand auf Rand, damit der Flansch nach oben zu liegen kommt. Sind die Verbindungs- oder Ansatzstellen fest miteinander verdreht und wurde eine Formeinheit gebildet, können Sie das nächste Teil aufsetzen. Sie können aber auch zuerst das Grundgefäß in seiner gewünschten Form auf einem Scheibenkopfduplikat drehen und dann beiseite stellen. Das Gefäß sollte fast lederhart getrocknet sein, bevor es weiterverarbeitet wird.

Drehen Sie nun Mittel- und Kopfteil frisch und paßgerecht, und stellen Sie die Teile auf eine feste Papierunterlage (Zeitung). Nehmen Sie jetzt das Gefäßunterteil vom Scheibenkopfduplikat, und befestigen Sie es fachgerecht im Zentrum der

Vor allem bei hohen Gefäßen ist es sinnvoll, das Gefäß in Teilstücken zu arbeiten

Dies gilt auch, wenn ein Gefäß aus sehr unterschiedlichen Formteilen besteht

Scheibe. Das Oberteil wird nun Rand auf Rand aufgesetzt, so daß das Papier nach oben zu liegen kommt. Da sich bei diesem Vorgang das Papier wie eine Trommelhaut über die Öffnung spannt, wirkt es der Deformierung des noch weichen Oberteils beim Abheben von der Unterlage und beim Aufsetzen auf die Grundform entgegen. Das Papier wird erst nach dem Aufsetzen abgezogen. Achten Sie beim Zusammendrehen darauf, daß die Masse an der Ansatzstelle zunächst nach unten und dann erst nach oben ausgedreht wird.

Kopfteilstücke mit sehr großem Durchmesser verformen sich allzuleicht beim Aufsetzen. Deshalb ist es angebracht, die Teilstücke auf einer Untersatzplatte oder einem Scheibenkopfduplikat zu drehen. Nach dem Aufsetzen des Teils liegt die Formplatte oben auf.

Für die dritte Methode werden alle Teile fertig vorgeformt und lederhart getrocknet. Haben die Teile den gleichen Trocknungsgrad erreicht, werden sie auf dem Scheibenkopf nach gründlichem Aufrauhen und Anschlickern zusammengedreht. Meist muß ein zusätzlicher Tonwulst an der Verbindungsstelle festgedrückt und mitverdreht werden, um einen fließend glatten Übergang zu schaffen. Da bei dieser Methode alle Teile während des Drehens in ihren Maßen genaustens aufeinander abgestimmt sein müssen und sich auch während des Trocknens nicht verziehen dürfen, fällt das fertige Ergebnis nicht immer zufriedenstellend aus.

Tip: Ihr Augenmerk sollte bei zusammengesetzten Gefäßen immer zuerst den Verbindungsstellen gelten und danach erst der Formgestaltung.

Auch lederhart getrocknete Teile können
an- oder ineinander gesetzt werden

Im Gefäßinneren und an der Außenwandung die Ansatzstellen gut verbinden

Auch nachträglich an- oder aufgesetzte
Gestaltungselemente, wie hier die
Schnecke, müssen durch Aufrauhen,
Schlickern und Andrücken fest mit der
Grundform verbunden werden

Zusammensetzen von Gefäßen mit hohem Fuß

Das Zusammensetzen von gedrehten Teilen findet nicht nur bei der Herstellung großer Stücke Anwendung, sondern auch dann, wenn die Herstellung schwieriger und komplizierter Formen dadurch erleichtert werden kann. Dies ist zum Beispiel bei pokalartigen Gefäßen, Weinkelchen, Schalen mit hohem, schmalem Fuß und ähnlichen Formen der Fall, da sie meist nicht in einem Arbeitsgang gedreht werden können.

Bei Schalen wird das Kopfteil zuerst gedreht und in lederhartem Zustand umgekehrt (Boden nach oben) auf dem Scheibenkopf in üblicher Weise befestigt. Jetzt setzen Sie ein frischgedrehtes Zylinderstück ohne Boden möglichst zentrisch auf.

Um die Mitte des Schalenbodens zu ermitteln und um eine bessere Haftung zu erzielen, ritzen Sie mit einem Messer, einer Gabel oder einem Abdrehwerkzeug entsprechend dem Durchmesser des Fußes auf dem Schalenboden eine oder mehrere Rillen ein. Nach dem Aufsetzen und Festdrücken des Fußes mit den Fingerspitzen versuchen Sie nun, an der Ansatzstelle den Ton nicht nach oben, sondern nur nach unten zu arbeiten. Sie erreichen dabei eine gute, stabile Verbindung zwischen den einzelnen Teilen.

Auch ist ein korrigierendes Zentrieren des Fußteils noch möglich. Der anschließende Gestaltungsprozeß des Fußes erfolgt in der üblichen Weise (Hochziehen und Ausformen). Bringen Sie das zusammengesetzte Gefäß aber erst dann wieder in seine richtige Stellung, wenn auch das angesetzte Fußteil lederhart getrocknet ist.

Das Trocknen sollte sehr langsam erfolgen. Die Gefäße sollten Sie abgedeckt bei gleichmäßiger Temperatur trocknen lassen, um Spannungsrisse, bedingt durch den unterschiedlichen Wassergehalt, zu vermeiden.

Auch bei Schalen können Gefäßfuß und Kopfteil zuvor einzeln auf der Scheibe

Aus zwei Teilen zusammengesetzte pokalartige Schalenformen

1 Beim Zusammensetzen der Teile die Ansatzstellen aufrauhen und anschlickern

2 Eventuell zusätzlich einen Tonwulst zum Zusammendrehen ansetzen

gedreht und im lederharten Zustand zum Ganzen montiert werden. Vor dem Zusammensetzen erfolgt das Einritzen einer Rille in die Bodenfläche der Schale. Die Rille erleichtert das zentrische Aufsetzen des Oberteils.

Nach dem Aufrauhen und Schlickern kann das Fußteil aufgesetzt und festgedrückt werden. Die Fuge der Ansatzstelle füllen Sie mit einer Tonwulst auf. Diese Wulst wird anschließend geglättet, so daß keine Ansatzstelle mehr zu erkennen ist. Nach kurzem gleichmäßigem Abdrehen des Fußes folgt dann das langsame Trocknen des Gesamtgefäßes.

3 Letzte Formkorrektur am Fuß der Pokalschale durchführen

Gefäßobjekte aus mehreren Teilen montiert

Das große Foto zeigt ein Gefäßobjekt, bei dem alle Teile einzeln gedreht und zum Montieren lederhart getrocknet wurden. Damit die aufgesetzten Gefäßhälse nicht schräg nach außen, sondern senkrecht stehen, müssen die Röhren vor dem Ansetzen im entsprechenden Winkel schräg angeschnitten werden. Notwendige Arbeitsschritte sind auch hierbei das Aufrauhen und Anschlikkern der Ansatzstellen des Gefäßes und der Ränder der Röhren. Durch festes Andrücken der Röhren und das Einarbeiten eines weichen Tonwulstes in die Verbindungsfuge wird eine übergangslose Ansatzstelle erreicht.

Ein Gefäß mit mehreren Öffnungen behauptet sich als »Raumplastik«, kann aber auch zweckgebundene Funktionen erfüllen

1 Die Röhren entsprechend der Gefäßoberfläche anwinkeln

2 Ansatzstellen aufrauhen, Röhren aufsetzen. Tonwulste einarbeiten

Meist erfordert das Abdrehen eines Gefäßes, Tellers oder einer Schale verschiedene Abdrehstellungen, um die Gefäßoberseite und -unterseite zu vollenden. Man unterscheidet zwischen

1. Abdrehen in Normalstellung, wobei das Gefäß so auf dem Scheibenkopf steht, wie es gedreht wurde,
2. Abdrehen in umgekehrter Stellung, wobei das Gefäß (offene Formen) auf den Kopf gestülpt steht,
3. Abdrehen im Donsel oder Ausdreher (Auflagestütze).

Nicht alle gedrehten und vom Scheibenkopf fachgerecht abgetrennten Gefäße müssen abgedreht werden. Bei Kannen, Vasen, Krügen und Schalen ohne Fuß genügt es meist schon, dem Boden im lederharten Zustand durch leichtes Einklopfen (vgl. S. 47, Abb. 4 und 5) eine bessere Standfläche zu verleihen. Dennoch gibt es verschiedene technische und ästhetische Gründe, die das Abdrehen rechtfertigen.

Technische Gründe

– Abdrehen, um eine gleichmäßige Tonstärke zu erreichen. Die untere Hälfte ist bei gedrehten Gefäßen fast immer etwas stärker ausgebildet als die obere Hälfte.
– Abdrehen zur Erreichung hohler Böden, um eine bessere Standfestigkeit zu bekommen.
– Abdrehen oder Ausdrehen höherer Füße bei Schalen und Tellern, um die Bildung von Rissen, bedingt durch unterschiedliche Tonstärke, zu verhindern.
– Abdrehen zur Ausbildung von einem oder mehreren Fußringen bei Standflächen mit sehr großem Durchmesser. Es ist deshalb erforderlich, um ein Absakken des Gefäßbodens beim Trocknen und insbesondere beim Brennen zu verhindern.
– Abdrehen von Deckeln und Deckellagern, um eine exakte Paßform und ein exaktes Aufliegen zu erreichen.

Ästhetische Gründe

– Abdrehen zur Formkorrektur.
– Verbesserung der Spannungskurve bei konkaven und konvexen Gefäßwölbungen.

– Herstellen von einwandfrei senkrecht verlaufenden Gefäßwandungen bei zylindrischen Formen.
– Beseitigung von unerwünschten Finger- und Drehspuren.
– Erzielen glatter und polierter Oberflächen.

Ein Gefäß ist zum Abdrehen dann geeignet, wenn es sich nicht mehr verformt, aber noch geschnitten oder geritzt werden kann und sich beim Abdrehvorgang lange, nicht wieder festklebende Späne abschälen lassen. Den richtigen Zeitpunkt für das Abdrehen zu bestimmen, bringt wahrscheinlich erst die Erfahrung mit sich. Einen wichtigen Stellenwert beim Abdrehen haben die Werkzeuge. Es sind speziell geformte Klingen und Schlingen, die unterschiedlich gebogen sind. Der Handel bietet eine große Auswahl an. Achten Sie darauf, daß die Kanten der Eisen scharf geschliffen und die Schlingen möglichst aus halbrunden Stahlbändern mit geschliffenen Kanten hergestellt sind.

Ganz gleich wie abgedreht wird, Voraussetzung ist auch hier das Zentrieren des Gefäßes mit Hilfe der Spurrillen auf dem Scheibenkopf. Dezentriertes Abdrehen verursacht eine ungleichmäßige Tonwandung. Unter Umständen führt dies zu einem schiefen Aussehen, zu Verformungen und auftretenden Rissen beim Trocknen und Brennen. Lassen Sie die Scheibe zum Abdrehen nicht zu schnell laufen.

Die Wandungen von Schalen und Gefäßen sind in Bodennähe fast immer dicker, so daß dort entsprechend mehr Masse weggeschält werden kann. Der überschüssige Ton wird später beim lederhart getrockneten Gefäß (Schale) mit dem Abdrehwerkzeug »weggeschält«, in der Fachsprache: abgedreht. Bei Tellern und Schalen mit breiteren Standflächen sollten zwei Fußringe abgedreht oder ausgeschält werden. Sie verhindern sowohl das Absacken und das Verformen wie auch die Rißbildung beim Trocknen und Brennen.

Abdrehen in Normalstellung

Insbesondere Schalen- und Tellerinnenflächen, deren Standflächen nicht größer sind als der Scheibenkopfdurchmesser, werden in Normalstellung abgedreht. Schalen- und Telleraußenseiten dreht man in gestülpter Stellung ab (vgl. S. 48, Abb. 1–6).

Vasen, Krüge und Kannen, deren Gefäßböden nur hohl geklopft wurden (vgl. S. 47, Foto 4) oder die bereits zuvor ab- bzw. ausgedreht wurden, können anschließend in Normalstellung fertig abgedreht werden (vgl. S. 47, Foto 2).

Der Zentrier- wie auch der Abdrehvorgang erfolgt wie zuvor beschrieben. Allein das Eigengewicht des Gefäßes und das Anfeuchten der Scheibe reichen meist schon zur Befestigung aus. Trotzdem sollten Sie die Kante des Bodenrandes durch zusätzlichen Fingerdruck mit dem Scheibenkopf verbinden, um dem Verrutschen, bedingt durch die Rotation der Scheibe, vorzubeugen. Jetzt beginnt das eigentliche Abdrehen mit der Schlinge. Halten Sie diese wie ein Messer fest in der Hand, das heißt, der Zeigefinger liegt obenauf, während der Daumen von unten stützt. Die linke Hand stellt den Kontakt zwischen dem Werkzeug und dem Gefäß her, um eine ruhige Arbeitsweise zu sichern. Bearbeiten Sie das Gefäß bei 3 Uhr, beginnend mit dem im flachen Winkel angesetzten Werkzeug. Schälen Sie den Ton gleichmäßig schichtweise ab unter Vermeidung allzutiefer Drehrillen. Rücken Sie mit der Schlinge erst dann weiter nach oben oder unten, wenn die Scheibe eine volle Umdrehung gemacht hat. Je nach Gefäßwölbung muß das Abdrehwerkzeug entsprechend schräg angesetzt und der Gefäßwölbung angepaßt werden.

Ob das Gefäß nun überall eine gleichmäßige Wandstärke erreicht hat, kann durch Abschätzen (Blick ins Innere), aber auch durch Abklopfen mit den Fingerspitzen überprüft werden. Ist die Wandung dünn, ist ein heller Klang zu vernehmen, ist sie zu dünn, werden Sie ein Vibrieren der Wandung spüren. Eine zu dicke Wandung erzeugt einen eher dumpfen Klang.

Lassen Sie sich nicht entmutigen, wenn Sie zu dünn abgedreht oder ganz durchgedreht haben (Loch). Nur Übung macht den Meister, und durch die allmählich wachsende Erfahrung werden auch die Ergebnisse sicherer.

Ist Ihnen bei Ihren Gefäßen eine gleichmäßige Wandstärke gelungen, kann je nach Wunsch noch eine glättende oder strukturierende Oberflächenbehandlung vorgenommen werden. Legen Sie dazu eine (durch Biegen sich der Wölbung anpassende) Abdrehschiene oder ein Abdrehblech in entsprechendem Winkel an, und glätten Sie die entstandenen Spurrillen durch Druckausübung.

Glätten ausgefranster Bodenränder

Unregelmäßige oder ausgefranste Bodenränder, die beim Abtrennen vom Scheibenkopf entstanden sind, können durch Abschaben korrigiert werden. Versuchen Sie dabei, eine nach innen leicht abgeschrägte Kante zu erreichen. Diese Kante ist von Vorteil bei Gefäßen, die glasiert werden sollen. Glasuren, die eventuell beim Brand abtropfen, fangen sich meist an dieser Kante und tropfen nicht unerfreulicherweise auf die Brennplatte.

Es sei darauf hingewiesen, daß sich dieser abgeschrägte Bodenrand leichter vor dem Abschneiden des Gefäßes von der Scheibe erreichen läßt. Setzen Sie bei langsam laufender Scheibe das Messer am Bodenrand in entsprechendem Winkel an, bis die gewünschte Schräge erreicht ist.

1 Gefäßwandung bei nicht zu schnell laufender Scheibe gleichmäßig abdrehen

2 Anschließend mit einer flexiblen Metallschiene die Wandung glätten

3 Die Kante vor dem Abheben mit einem Messer leicht anschrägen

4 Den Boden leicht einklopfen

5 Eventuell die Kante mit einem Messer oder Schwamm glatten

Abdrehen von auf den Kopf gestülpten Gefäßen

Gefäße mit weiten Öffnungen sowie Schalen und Teller, deren Öffnungsdurchmesser nicht größer ist als der Scheibenkopfdurchmesser, lassen sich umgekehrt, das heißt auf den Kopf gestülpt, abdrehen.

Beginnen Sie mit dem Zentrieren des Gefäßes. Setzen Sie es dazu möglichst in der Mitte des Scheibenkopfes auf.

Orientieren Sie sich dabei an den Rillen auf der Scheibe. Zentrieren Sie, indem Sie so oft mit dem Handballen bei 3 Uhr gegen die Gefäßwandung in Richtung Scheibenmitte klopfen, bis das Gefäß zentrisch läuft.

Ist es Ihnen gelungen, das Gefäß zentrisch anzuordnen, müssen Sie es befestigen, um das Wegschleudern bei rotierender Scheibe zu verhindern. Dies sollte beim Abdrehvorgang grundsätzlich beachtet werden. Verwenden Sie

dazu drei bis vier Tonklümpchen, die Sie am Gefäßrand gleichmäßig verteilt anordnen und festdrücken. Um unerwünschte Klebespuren oder Deformationen am Gefäßrand zu vermeiden, dürfen die Tonklümpchen weder zu hart noch zu weich sein. Drücken Sie die Klümpchen zuerst fest gegen den Scheibenkopf und dann erst an den Gefäßrand.

1 Der Daumen der linken Hand stellt die Verbindung zur rechten Hand her

3 Soll ein Fuß- oder Bodenring stehen bleiben, so drehen Sie von außen...

5 Vor dem Abdrehen die Breite der Fußringe einzeichnen

2 Die linke Hand gibt dem Topf zusätzlich Halt auf der Scheibe

4 ...nach innen den überschüssigen Ton ab, nicht umgekehrt

6 Das Abdrehen gelingt am besten, wenn Sie eine starre Haltung einnehmen

Abdrehen im Donsel

Krüge mit einer bereits ausgeformten Schnaupe oder Lippe, Enghalsgefäße und Gefäße mit einer kleinen Standfläche (geringer Durchmesser) bedürfen beim Abdrehen einer Abdrehhilfe – eines Donsels, auch Konus genannt. Schalen, deren Öffnung weiter ist als der Scheibenkopf, werden ebenfalls am Fuß sowie an der Außenseite auf dem Donsel abgedreht.

Der Donsel läßt sich selbst leicht herstellen. Es ist ein offenes, dickwandiges, konisches Gefäß mit verstärktem und abgerundetem Rand. Ein Donsel kann frisch gedreht, lederhart, ganz trocken und sogar geschrüht Verwendung finden. Wichtig ist nur, daß das abzudrehende Gefäß gut in das Donsel hineinpaßt und aufliegt, ohne Schaden zu nehmen. Es ist zu empfehlen, einige unterschiedlich hohe und weite Donsel zum Abdrehen stets verfügbar zu haben. Bauchige Gefäße und Schalen mit weiten Öffnungen sollten am besten in Höhe ihres Umfangs aufliegen, Schalen und Teller dort, wo die Wölbung am flachsten ist. Eine Auspolsterung des Donsels mit Zeitungspapier oder einem dünnen Schaumstoffstreifen verhindert unerwünschte Spuren auf der druckempfindlichen Oberfläche des abzudrehenden Gefäßes. Ich selbst verwende am liebsten lederharte Donsel, da diese sich leicht auf dem Scheibenkopf befestigen lassen. Zudem läßt sich selbst der Donsel an seinem Rand vor dem Auflegen eines abzudrehenden Gefäßes abdrehen und ermöglicht so ein absolut »zentrisches Lagern«. Durch luftdichtes Einpacken des Donsels in Plastikfolie läßt sich der lederharte Zustand lange erhalten. Mit Hilfe von Tonklümpchen oder eines dünnen Tonwulstes befestigen Sie einen zentrierten Donsel rasch und sicher. Das Abdrehen erfolgt nun wie bei Gefäßen in »Auf-Kopf-Stellung« oder der jeweiligen Gefäßform entsprechend.

Donsel sind dickwandige Zylindergefäße (hier in verschiedenen Größen) mit verstärktem oberen Rand

Das Glätten kann mit einer Plastikschiene erfolgen

Bauchige Gefäße mit langem Hals lassen sich gut im Donsel abdrehen

Das »Herunterdrehen« mehrerer kleiner Gefäße von einem Tonkegel ist eine altbewährte Töpfermethode. Auf diese Weise gelingt es leichter, winzige Tonmengen zu zentrieren. Kleine Väschen, Schüsselchen, Tellerchen, Miniaturgeschirr und auch Tüllen für Kannen und ähnliches lassen sich rasch nacheinander vom Stoß herunter- beziehungsweise wegdrehen.

Dabei ist es nicht erforderlich, die ganze Masse zu zentrieren. Es genügt bereits das Zentrieren des oberen Teils eines schmalen Tonkegels. Drehen Sie mit dem Zeige- oder Mittelfinger der rechten Hand in Höhe der für diesen Drehvorgang vorgesehenen Menge Ton eine Rille ein. Sie ist gleichzeitig die Ansatzstelle des Bodens oder Fußes des zu drehenden Gefäßes.

Eine weitere Möglichkeit, die Boden- oder Abgrenzungsrille herzustellen ist folgende: Umklammern Sie mit beiden Händen (die Zeige- oder Mittelfinger bei 12 Uhr, die Daumen bei 6 Uhr) kreisförmig die Kegelspitze. Fassen Sie zunehmend enger, bis der gewünschte Bodendurchmesser erreicht ist.

Zum Öffnen und Lochsetzen drängen Sie mit dem Mittelfinger (ihm folgend der Zeigefinger) der linken Hand in Richtung Boden, bis ungefähr die innere Bodenhöhe erreicht ist. Bei dieser Arbeitsweise läßt sich die Bodenhöhe nicht genau messen, unter Berücksichtigung der Ansatzstelle (Bodenrille) läßt sie sich aber gut schätzen.

Das anschließende Hochziehen und auch das Ausformen läßt sich bei so kleinen Formen gleichzeitig durchführen, jedoch ist viel »Fingerspitzengefühl« im wahrsten Sinne des Wortes erforderlich. Die Fingerspitzen bestimmen durch entsprechende Druckverlagerung, ob die Form zylindrisch steigt oder sich nach außen oder innen wölbt. Während des gesamten Arbeits-

Kleine Gefäße lassen sich so leichter vom Stoß drehen

prozesses sollten Sie durch gewohntes Abstützen eines Fingers (Daumen) einen Kontakt zur anderen Hand herstellen. Es ermöglicht Ihnen ein ruhigeres, sicheres Formen.

Das waagerechte Abschneiden des gedrehten Stückes kann etwas schwieriger werden, aber frisch gewagt ist halb gewonnen! Setzen Sie dazu die Messerspitze mit der rechten Hand an der Bodenrille bei 3 Uhr an. Drücken Sie jetzt die Spitze bei sehr langsam laufender Scheibe allmählich ins Zentrum. Hat die Scheibe mehrere Umdrehungen gemacht, steht das Gefäß dann auf der Messerklinge (vgl. S. 51, Abb. 4). Um ein Wegschleudern des Gefäßes zu verhindern, müssen Sie es jedoch vor dem endgültigen Lösen noch festhalten. Bei geöffneten Formen halten Sie es mit einem Finger der linken Hand im Gefäßinnern. Der Finger übt Gegendruck auf die Messerklinge aus. Bei geschlossenen Formen genügt ein sanftes Umfassen an der äußeren Gefäßwand.

Das abgetrennte Gefäß kann dann auf der Messerklinge abgehoben und auf die Abstellplatte gesetzt werden.

1 Die Mittelfinger drücken in Höhe der späteren Bodenfläche eine Rille

2 Das Aufbrechen führen Sie genauso durch, wie auf Seite 24 f. beschrieben

3 Anschließend die Tonwandung hochziehen und den Rand ausformen

4 Mit einem scharfen Messer das kleine
Gefäß abtrennen und abheben

1 Tüllen werden in der gleichen Technik
gedreht wie große Gefäße

Enghalsgefäß

2 Die Tülle durch leichten Druck mit den
Fingerkuppen einengen

Krüge und Kannen

Ein Gefäß wird erst durch die Tülle oder die Schnaupe und den Henkel zum Krug. Für eine Kanne muß zusätzlich noch ein Deckel geformt werden.
Ob Schnaupe, Tülle, Henkel oder Deckel, jedes Einzelteil sollte mit dem Grundgefäß eine harmonische Einheit bilden, so als ob es direkt mit diesem gewachsen (ausgeformt) wäre. Jedes Teil ist nicht nur ein dekoratives Beiwerk, sondern muß in erster Linie vor allem seine Funktion erfüllen.

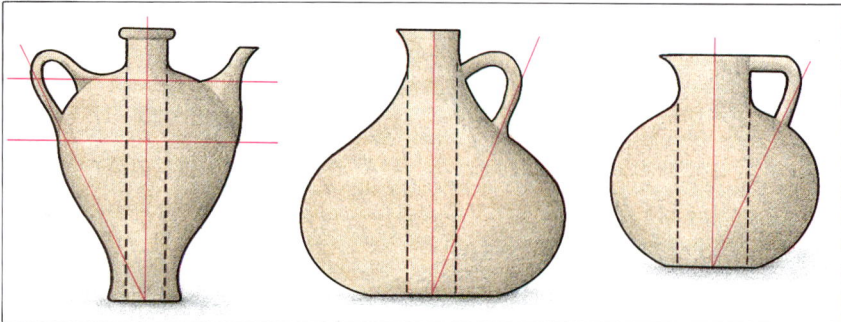

Die drei Skizzen veranschaulichen, was Sie bei der Formfindung von Tülle und Henkel für das Gefäß beachten müssen

Der Henkel

Henkel haben in erster Linie die Funktion, daß sich Kannen und Krüge gut fassen lassen. Sie erfüllen aber nicht immer nur diese, sondern sind manchmal auch schmückendes Beiwerk.
Hier werde ich jedoch nur die Herstellung des »klassischen« Henkels aufzeigen. Alle übrigen Henkelvariationen können Sie mit etwas Erfahrung selbst formen, doch am wichtigsten ist dabei, daß der Henkel gut in der Hand und der Schwerpunkt des Gefäßes nicht zu weit vom Drehpunkt entfernt liegt.
Um einen Henkel zu »ziehen«, bereiten Sie aus luftfrei geknetetem Ton einen konisch gerollten Tonwulst vor, der etwas dicker ist als der vorgesehene Henkel. Rauhen Sie die Ansatzstellen am lederhart getrockneten Gefäß auf, und be-

streichen Sie diese mit Schlicker. Falls Tülle oder Schnaupe schon fertiggestellt wurden, müssen Sie darauf achten, daß der Henkel genau gegenüber angesetzt wird. Drücken Sie jetzt den vorgeformten Rohling so fest gegen die obere Ansatzstelle, daß der Schlicker seitlich herausquillt. Versuchen Sie, wenn möglich, mit der anderen Hand von der Gefäßinnenseite gegen die Ansatzstelle zu drücken. Mit gut angefeuchteter Hand formen Sie jetzt den Wulst zu einem konisch geformten Henkel. Lassen Sie dazu die Hand unter leichter Druckausübung sanft ziehend, immer wieder von der Ansatzstelle ausgehend, am Tonwulst entlanggleiten, bis die gewünschte Henkelform ausgebildet ist. Der von den Händen ausgeübte Druck bestimmt den Henkelquer-

schnitt (rund oder flach) des sich nach unten hin verjüngenden Henkels. Da durch diese Herstellungsweise der Ton elastisch wird, ist ein mehrmaliges »Anprobieren« (Anpassen) bis zur endgültigen Formfindung möglich, ohne daß der Henkel reißt oder bricht.
Sind Sie mit dem Resultat zufrieden, drücken Sie das untere Henkelende fest an die durch Aufrauhen und Schlickern vorbereitete Ansatzstelle.
Bei der zweiten Methode werden alle Arbeitsgänge wie oben beschrieben durchgeführt, jedoch mit dem Unterschied, daß der Henkel zuerst mit den angefeuchteten Händen fertig gezogen und geformt wird. Erst danach setzen Sie ihn am Gefäß an. Bei dieser Methode besteht jedoch die Gefahr, daß der Henkel sich beim Ansetzen verformt.

1 Gegenüber der Schnaupe die Ansatzstelle aufrauhen

2 Den Henkel fest andrücken, dabei den Hals von innen stützen

3 Den Henkel durch wiederholte Zieh- und Streichbewegungen formen

Wichtig: Decken Sie beim Trocknen der Henkelgefäße zunächst die Henkel mit Zeitungspapier ab, da diese rascher trocknen und Risse die Folge sind.

Die Schnaupe

Als Schnaupe bezeichnet man die gleich nach dem Drehen ausgezogene Gießschnaupe. Mit dem gut angefeuchteten Zeigefinger der einen Hand ziehen Sie sehr vorsichtig durch mehrmaliges Streichen die »Schnaupe« aus dem Rand heraus, während Daumen und Zeigefinger der anderen Hand den Ton von unten her stützend halten und somit dem oberen Druck entgegenwirken. Der innere Rand sollte scharfkantig sein (Abb. 3). Er ist gleichsam eine »Schneidkante« für die Flüssigkeit.

Größere Schnaupen werden mit Hilfe einer Schablone (Dreiecksform) aus einer flachgewalzten Tonplatte ausgeschnitten und vorgeformt. Vor dem Ansetzen der Schnaupe muß ein entsprechender Winkel (vorheriges Anpassen) aus dem lederharten Krug oder dem Kannenhals geschnitten werden (Abb. 1 u. 2). Nach dem Aufrauhen und Schlickern der Ansatzstellen folgt das Andrücken der Schnaupe. Um einen nahtlosen Übergang zu erreichen, sollte noch ein dünnes weiches Tonwülstchen in die Fuge eingearbeitet werden.

Krüge können auf vielfältigste Art gestaltet werden. Jedoch sollten Bauch, Öffnung, Schnaupe und Henkel eine Einheit bilden

1 Die Schnaupe nach einer Schablone zuschneiden

2 Die Ansatzstellen mit einer Gabel oder einem Messer anrauhen

3 Nach dem Ansetzen die Schnaupenspitze ausformen

Die Tülle

Unter Tülle versteht man den rohrähnlichen Gießer bei Kannen, der ein tropffreies Ausgießen ermöglichen soll. Wichtig dabei ist, daß die Tülle genau so am Gefäß angebracht wird, daß die Kanne »voll« genutzt werden kann. Tülle und Henkel sollen sich jeweils als Gegengewicht ergänzen.

Ich empfehle Ihnen, sich von »Ihrer« Kanne ein paar Skizzen anzufertigen, denn es gibt schließlich mehrere Möglichkeiten für die Form und die Ansatzstellen von Tülle und Henkel. Die Zeichnungen erleichtern Ihnen in jedem Fall die Formfindung.

Ebenso sinnvoll ist es, mehrere Tüllen zu drehen, um die passendste darunter auswählen zu können (siehe dazu Seite 50, »Vom Stoß drehen«). Sind Tülle und Kanne lederhart getrocknet, muß der Ansatzwinkel der Tülle durch einen entsprechenden Schrägschnitt dem Kannenkörper angepaßt werden. Der Gießwinkel beträgt etwa 40–80° zur Längsachse der Kanne. Meist ist ein wiederholtes Anprobieren notwendig, bis die richtige Neigung des Gießers erreicht und er somit form- und funktionsgerecht ist. Zeichnen Sie die Ansatzstelle am Gefäß ein. Schneiden Sie die Ansatzstelle aus, die Sie dann wie gewohnt

aufrauhen und schlickern. Der Durchmesser der auszuschneidenden Fläche muß etwas kleiner sein als der Innendurchmesser der Tülle, damit an der Kanne noch genügend Fläche bleibt, um die Tülle festdrücken zu können (vgl. S. 55, Foto 5). Wenn Sie eine Teekanne arbeiten, können Sie die Ausgußstelle auch nur siebartig durchlöchern; aus hygienischen Gründen und wegen einer eventuellen Verstopfungsgefahr empfehle ich diese Methode jedoch nicht. Drücken Sie die Tülle anschließend so fest an, bis der Schlicker herausquillt, und verstreichen Sie den Schlicker.

Meistens ist ein zusätzliches, dünnes Tonwülstchen zum Auffüllen der Ansatzstelle erforderlich, denn Tülle und Grundform sollen eine gewachsene Formeinheit bilden.

Eine Lippe (oder Schnaupe) am Tüllenrand erhalten Sie, indem Sie mit Daumen und Zeigefinger der einen Hand die »Lippe« stützen und gleichzeitig leicht gegeneinanderdrücken, während der angefeuchtete Zeigefinger der anderen Hand vorsichtig eine kleine Gießrinne herauszieht.

Um ein tropffreies Gießen zu ermöglichen, müssen Sie den Lippenrand scharfkantig formen, damit er wie eine Schneidkante für die Flüssigkeit wirken kann (vgl. S. 55, Abb. 6).

1 Die Tülle vom Stoß drehen (siehe auch Seite 50)

2 Die Form der Tülle ist im Querschnitt gut zu erkennen

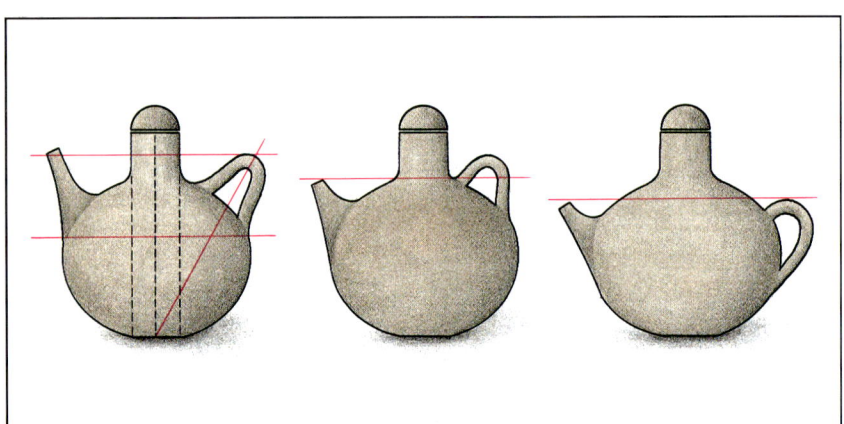

Links: funktionelle Henkel- und Tüllenform (Einfüllhöhe = Tüllenhöhe); Mitte: Tülle und Henkel nicht im Gleichgewicht; rechts: Kanne kann nicht ganz gefüllt werden

3 Markieren Sie die Ansatzstelle der Tülle mit einem Bleistift

4 Sie können Löcher für ein Teesieb bohren oder das Ausgußloch ganz ausschneiden

5 Die Ansatzstelle aufrauhen und anschlickern

Für diese Kanne wurde ferner ein Deckel gefertigt, der formal und funktional gut zur Kannenform paßt. Nun braucht die Kanne nur noch glasiert zu werden

6 Abschließend noch eine kleine Schnaupe aus dem Rand herausformen

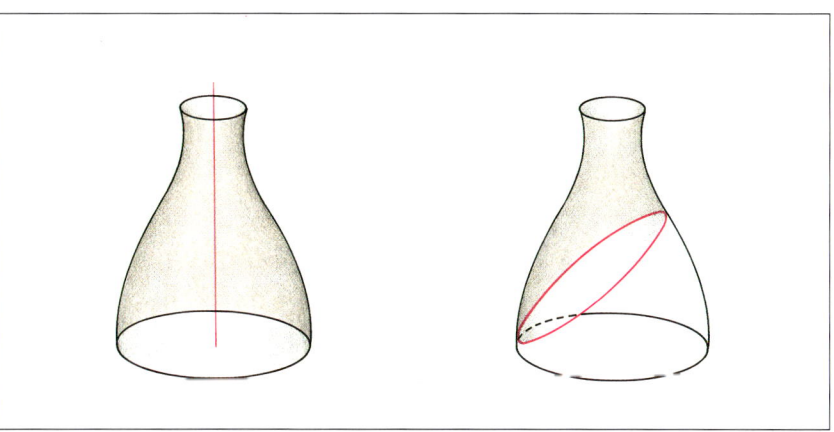

Durch Abschrägen und wiederholtes Anpassen erreicht man die richtige Neigung der Tülle und damit den optimalen Gießwinkel

Viele Behälter, Gefäße, Dosen, Krüge und Kannen benötigen einen Deckel. Er soll in Form und Funktion mit dem Gefäß eine Einheit bilden, das heißt, funktional gut passen, ineinandergreifen und gut aufliegen.

Von der Vielzahl der Deckelvarianten werden die wichtigsten in der Abbildung gezeigt.

Bereits bei der Herstellung und Formgestaltung des Gefäßes ist das Einplanen des Deckels von Bedeutung. Es gibt eine Vielzahl von Deckelformen und Deckellagern. Ganz gleich, für welche Deckelform Sie sich entscheiden, Sie sollten immer darauf achten, für Gefäß und Deckel denselben Ton mit der gleichen Konsistenz (Plastizität) zu verarbeiten. Ich empfehle Ihnen, sämtliche Deckelformen auf einem Scheibenkopfduplikat zu drehen, um unerwünschte Deformierung beim Abheben zu verhindern.

Achten Sie darauf, daß Deckel und Gefäß zusammen, also auf- oder ineinanderliegend, gleichzeitig trocknen. Das ist ganz wichtig, damit die Teile auch später noch zusammenpassen. Kleine Streifen aus Zeitungspapier zwischen Deckel und Gefäß verhindern, daß der noch feuchte Ton beim Trocknen zusammenklebt.

Die Auflagefläche für die verschiedenen Deckelformen ist unterschiedlich. So benötigen einige Deckelformen ein speziell geformtes Deckellager (Falz) im Gefäßhals, während andere Deckellager sich außen am Gefäß befinden beziehungsweise während des Hochziehens der Wandung gleich mit eingearbeitet oder eingedrückt werden.

Die Zeichnung zeigt die verschiedenen Möglichkeiten der Deckelformen und der Deckelauflageflächen: Übergestülpter Deckel (1, 2), Deckel mit Sockel (3, 4, 8, 10, 12), Deckel mit ausschwingendem Rand (5, 6, 11), Deckelformen für Deckellager/Falz (5, 9, 10, 11, 12)

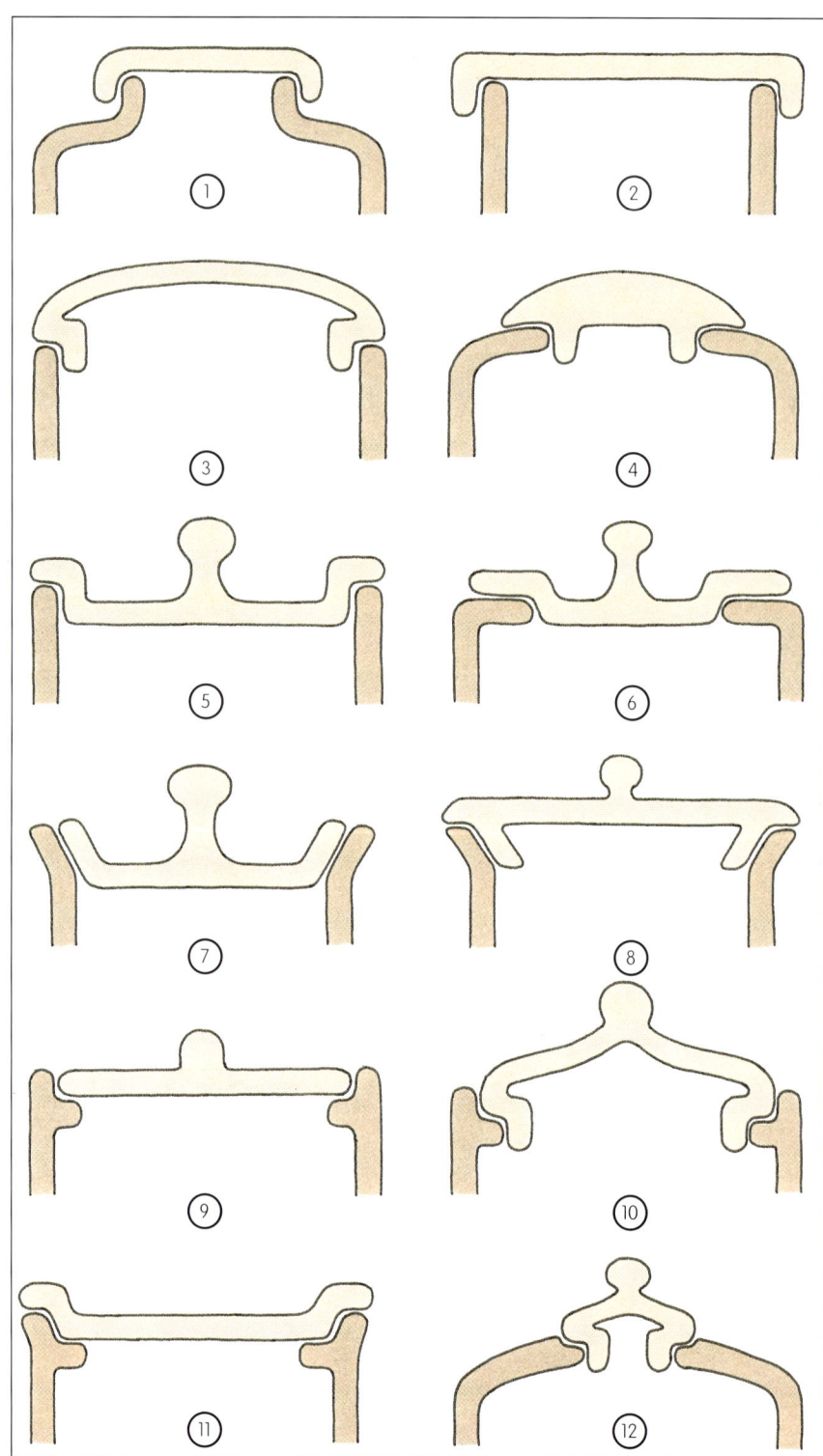

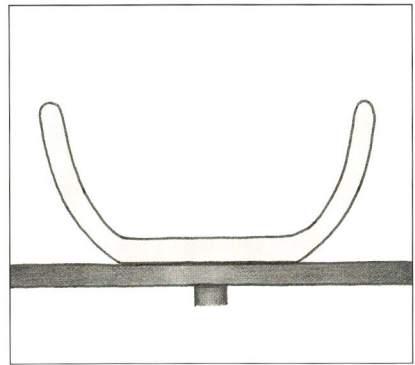

1 »Schälchen« als Ausgangsform eines Deckels mit Sockel

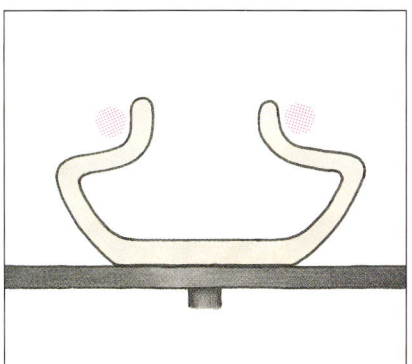

2 Durch Einengen in entsprechender Höhe den Sockel formen

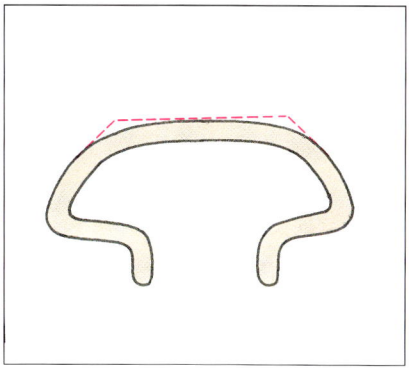

3 Abdrehen des Deckels zur Gestaltung des »Deckelkopfes«

Deckel mit Sockel

Für Tee- oder Kaffeekannen ist der Deckel mit Sockel typisch. Der Sockel ragt in das Gefäßinnere hinein, so daß der Deckel bei guter Paßform auch dann nicht herausfällt, wenn die Kanne beim Gießen sehr schräg gehalten wird.

Vor Beginn des Drehvorgangs messen Sie zunächst sowohl den inneren als auch den äußeren Durchmesser des Gefäßhalses. Berücksichtigen Sie beim Drehen des Deckels, daß später noch die Glasur hinzukommt. Deshalb muß im jetzigen Stadium noch etwas Spielraum zwischen Kanne und Deckel sein. Deckel mit Sockel werden am besten umgekehrt, das heißt, mit dem Sockel nach oben gerichtet, gedreht.

Beginnen Sie, die entsprechende Menge Ton in gewohnter Weise zu zentrieren. Der zentrisch laufende Tonbatzen sollte vor dem Öffnen dem gewünschten Deckeldurchmesser (»Deckelkopf«) entsprechen.

Das Deckellager beziehungsweise die Deckelauflagefläche bestimmt in etwa, in welcher Höhe der Sockel beim Drehvorgang eingeengt werden soll. Drükken Sie dazu mit den Fingerkuppen der rechten Hand in Sockelhöhe die Wandung von außen enger, bis der äußere Durchmesser des zu formenden Sokkels dem inneren Durchmesser der Gefäßöffnung entspricht.

Letzte Korrektur des Winkels im Sockelübergang nehmen Sie auch hier mit einem Modellierholz oder einer entsprechenden Schiene vor.

Der obere Teil des Deckels muß später im lederharten Zustand der Formidee entsprechend abgedreht werden.

Ein flacher Deckel mit Sockel wird ebenfalls umgekehrt gedreht, das heißt, die spätere Deckeloberseite liegt beim Drehvorgang auf dem Scheibenkopfduplikat. Zentrieren Sie die erforderliche Tonmenge, und drücken Sie den Tonbatzen fast so flach (circa 1,0 cm höher) wie der fertige Deckel sein soll. Der Durchmesser der zentrierten Tonmenge sollte jedoch genau dem Deckeldurchmesser entsprechen. Drängen Sie nun vom Zentrum aus, wie beim Aufbrechen eines ganz flachen Tellers, den Ton nach außen. Ziehen Sie jetzt den dabei entstehenden flachen Wulst hoch, indem der Mittel- oder Zeigefinger der rechten Hand waagrecht am Sockelansatz von außen gegen die Fingerspitze im Inneren – also parallel – drückt. Jetzt kann der Sockel auf die entsprechende Tonstärke und das gewünschte Maß (Höhe und Durchmesser) hochgezogen werden. Beachten Sie aber, daß der äußere Sockeldurchmesser dem Durchmesser der Gefäßöffnung entsprechen muß.

Eventuelles Kürzerschneiden der Wandung besorgen Sie wie gewohnt mit einer Nadelspitze. Vergessen Sie nicht, mit Lederstreifen die Schneidekante abzurunden. Im lederharten Zustand wird der Deckel in seiner richtigen Stellung – vielleicht sogar direkt auf dem Gefäß – abgedreht.

1 Den Tonbatzen in der gewünschten Deckelgröße aufbrechen

2 Den Deckelrand hochziehen, die Gefäß- und Deckelmaße vergleichen

3 Den Winkel abschließend mit einer entsprechenden Drehschiene ausformen

Übergestülpter Deckel

Der übergestülpte Deckel (rechts Abb. 1) hat insbesondere in fernöstlichen Ländern, wie China und Japan, Tradition. Er findet auf Dosen und auch auf Kannen Verwendung.

Seine Herstellung ist sehr einfach, da er wie ein Schälchen gedreht wird (also umgekehrt). Voraussetzung für einen guten Sitz ist genaues Maßnehmen. Wie die Bezeichnung des Deckels verrät, wird er über- oder aufgestülpt, was bedeutet, daß am Gefäß ein Rand oder ein kurzer Hals vorhanden sein muß. Der äußere Durchmesser des Gefäßrandes entspricht dem inneren Durchmesser des Deckels (vgl. S. 62).

Der lederharte Deckel wird später wie ein Schälchen abgedreht.

Je nach Formidee kann auf dem Deckel nach dem Abdrehvorgang noch ein Knauf angebracht werden.

Drücken Sie ein Tonklümpchen genau in der Mitte des lederharten Deckels an. Zentrieren Sie es, und formen Sie es nach Ihrer Formidee zum Knauf (vgl. rechts Foto 3).

Sie können den Knauf auch zuvor separat drehen und ihn in lederhartem Zustand auf dem Deckel befestigen. Sehr wichtig dabei ist, daß vor dem Trocknen von der Deckelinnenseite her dort ein Loch gestochen wird, wo der Knauf aufsitzt. Damit wird verhindert, daß die beim Brennen sich ausdehnende Luft im Knaufinneren den Knauf absprengt.

1 Das Aufsetzen des Deckels verhindert beim Weiterarbeiten eine Deformation

2 Die Ansatzflächen aufrauhen und anschließend anschlickern

3 Den Knauf fest aufdrehen und die Ansatzstelle mit einem Schwamm glätten

Keramikdosen sind beliebte Aufbewahrungsgefäße.
Der Steg des Gefäßunterteils sorgt für einen sicheren Halt des übergestülpten Deckels

Deckel mit umgebogenem oder ausschwingendem Rand und versenktem Knauf

Dieser Deckel ist eine sehr beliebte, häufig angewandte Deckelform. Sie paßt formal und auch funktional auf viele Gefäßformen, zum Beispiel auf Gefäße
– mit entsprechendem Falz
– mit flacher Schulter
– mit senkrechtem Gefäßrand
– mit schräg auslaufendem Gefäßrand
Nehmen Sie mit dem Bauchzirkel zunächst im Gefäßinneren (Maß 2) und an der Deckelaußenwandung (Maß 1) Maß. Für Deckel mit schräg auslaufendem Rand müssen Sie zuvor sowohl das untere als auch das obere Maß des Gefäßhalses abnehmen.
Falls Sie nur einen Bauchzirkel zur Hand haben, fixieren Sie das bereits abgenommene Maß auf einem Stück Papier. So können Sie dieses später mit dem Zirkel vom Papier noch einmal abnehmen. Zentrieren Sie die erforderliche Tonmenge entsprechend dem gewünschten Durchmesser des Deckels (Unterkante) auf dem Scheibenkopf oder dem Duplikat. Da für den Knauf im Mittelpunkt etwas Masse stehenbleiben muß, brechen Sie azentrisch (vgl. S. 61, Abb. 1) auf, nämlich neben dem vorgesehenen Knauf (bei 3 Uhr).

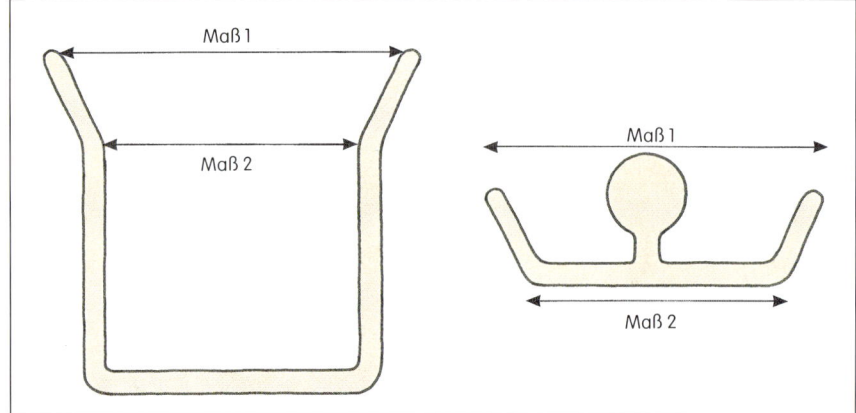

Damit der Deckel nicht zu tief in das Gefäß absinkt oder zu hoch herausragt, müssen die Deckelmaße mit den Maßen der Deckelauflage genau abgestimmt sein

Die Gefäßform bestimmt nun, ob das Hochziehen der Deckenwandung senkrecht nach oben oder schräg nach außen verläuft. Die Zeichnung auf Seite 56 zeigt Ihnen verschiedene Deckelformen mit ausschwingendem Rand (Abb. 5, 6, 7, 11).
Der ausschwingende Rand erfordert zum Schluß noch einen weiteren Arbeitsschritt. Drücken Sie mit der Kuppe des linken Zeigefingers im Gefäßinneren langsam den Rand nach außen, während die Kuppe des rechten Zeigefingers am äußeren Gefäßrand stützend den Vorgang begleitet (vgl. S. 61), Foto 1.

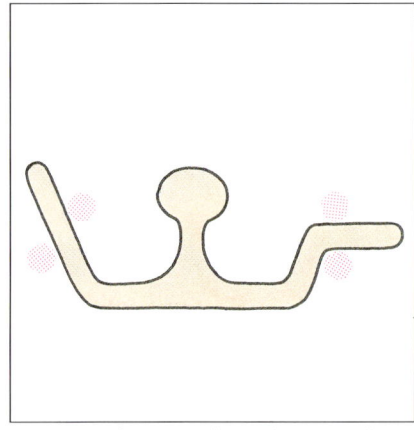

Schematische Darstellung der Herstellung des Deckels mit ausschwingendem Rand. Die Rasterpunkte geben die Druckfläche an
(1) ursprüngliche Form
(2) ausschwingender Rand

1 Für den Knauf muß in der Mitte etwas Tonmasse stehenbleiben

2 Damit der Deckel nicht zu schwer wird, den Knauf hohl drehen

Bei dieser Dosenform wurde der Knauf als Tonklümpchen auf den Deckel gesetzt und aufgedreht

3 Zuletzt wird der Deckelknauf mit einigen Handgriffen geschlossen

Das Messen mit dem Bauchzirkel

Der Bauchzirkel wird auch Tastzirkel genannt. Er ist für das Messen der Gefäßauswölbung ebenso wichtig wie für das Messen des Innendurchmessers eines Gefäßhalses. In Normalstellung weist er eine bauchige Form auf, die Schenkel bilden eine leichte Kreisform, und die Schenkelspitzen zeigen zueinander.

Bei Messungen der Innendurchmesser empfiehlt es sich, die Scheren zu kreuzen, so daß die Spitzen in entgegengesetzte Richtungen zeigen. Man kann das Messen mit dem Bauchzirkel mit dem Messen von Innen- und Außendurchmesser von Rohren mit einer entsprechenden Schieblehre vergleichen.

Hier wird das Außenmaß bei einem überzustülpenden Deckel abgenommen

Die Knaufe werden separat vorgeformt und anschließend, wenn sowohl sie als auch die Gefäße lederhart sind, angarniert

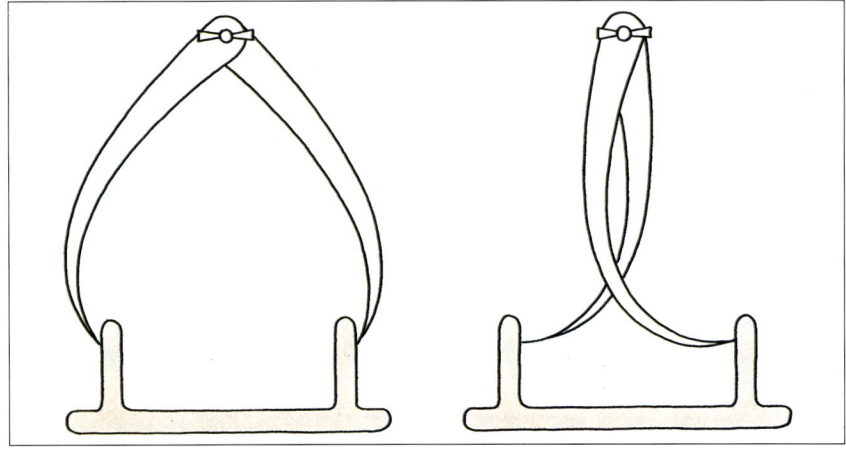

Links die schematische Darstellung der Abnahme des Außenmaßes, rechts die Abnahme des Innenmaßes

Der Gugelhupf

Die Gugelhupfform ist in der Küche nicht nur ein nützlicher, sondern auch ein dekorativer Gebrauchsgegenstand, ähnlich wie der Römertopf. Wird nicht gerade ein Kuchen in ihr gebacken, läßt sie sich gut als Obst- oder Eierschale, für Naschereien oder sonstiges »Allerlei« verwenden.

Zentrieren Sie einen Tonbatzen mit entsprechendem Bodendurchmesser (Standfläche des Gugelhupfes). Brechen Sie diesen azentrisch auf (vgl. Abb. 2). Ziehen Sie zuerst die Masse im Zentrum zu einer schmalen konischen Zylinderform hoch. Danach erfolgt das Hochziehen der Außenwandung.

Läßt der Topf sich nach leichtem Antrocknen umdrehen, das heißt auf den Rand stellen, drücken Sie die Rippen mit der Daumen- oder Zeigefingerkuppe in die noch nicht ganz lederhart getrocknete Tonwandung.

Die eingedrückten Rippen wirken noch dekorativer, wenn sie in schräger Linienführung angeordnet werden.

Natürlich kann die Wandung auch mit einem Tier-, Frucht- oder Blumenmotiv gestaltet werden. Die Rippen werden nicht rundum in die Wandung gedrückt, sondern es wird eine Fläche für das Motiv ausgespart. Das jeweilige Motiv muß dann – nach Umdrehen des Gugelhupfes – vom inneren der Form her nach außen gedrückt und ausgestaltet werden, damit es später im Kuchen als Positivform erscheint.

Nicht zu Unrecht gibt es viele Sammler von alten Gugelhupfformen, welche die verblüffende Vielfalt der Gestaltungsideen zu schätzen wissen

1 Aufbrechen des Tonkloßes mit beiden Händen

2 Nach dem Hochziehen der inneren Zylinderform, die Außenwandung drehen

3 In die Außenwandung mit der Daumenkuppe die Rippen eindrücken

Käseglocke mit Mäusen

Als origineller »Haltegriff« erfreuen sich hier die Mäuse auf dem Deckel allgemeiner Beliebtheit. Der erste Arbeitsschritt bei der Herstellung einer lustigen Käseglocke mit Mäusen ist das Drehen der Glocke – auf daß der Käse für das kleine Nagetier unerreichbar bleibt!

Zentrieren Sie Ihren vorbereiteten Tonbatzen auf einem Scheibenkopfduplikat. Achten Sie darauf, daß der Durchmesser der zu öffnenden Tonmasse dem gewünschten Durchmesser der Glocke entspricht.

Das Öffnen erfolgt wie bei einem zylindrischen Gefäß, wobei Sie entweder mit oder ohne Boden beginnen können. Arbeiten Sie die Glocke mit boden, wird die Form im lederharten Zustand unmittelbar über dem Boden abgetrennt. Ansonsten ziehen Sie den Zylinder hoch und beginnen, im oberen Drittel mit Schließgriffen die Form bis zur völligen Schließung nach und nach einzuengen. Zum völligen Schließen schieben Sie in eine bereits sehr eng gedrehte Öffnung den linken Zeige- oder Mittelfinger, ganz zum Schluß dann eventuell nur noch den kleinen Finger. Der Finger ist gekrümmt und zeigt mit der Fingerspitze auf 3 Uhr in das Gefäßinnere. Während das nun fast waagrecht liegende erste Fingerglied die flache und eng geformte Gefäßschulter stützend hält, drücken und schieben die Fingerkuppen der rechten Hand die Tonwandung zum Mittelpunkt hin zu. Zum

Schluß den Finger vorsichtig herausziehen und das noch verbleibende Loch gänzlich zuschieben.

Wünschen Sie statt der Mäuse einen anderen Haltegriff, können Sie einen Knauf wie beim Römertopf auf- oder andrehen (siehe Seite 66).

Ist Ihre Käseglocke lederhart getrocknet, kann der Rand an der unteren Öffnung in einem Donsel abgedreht werden. Möglicherweise erreichen Sie aber auch durch das »Verputzen«, d. h. durch das Glattschaben mit dem Messer eine saubere Standfläche.

Eine kleine Maus ist rasch modelliert. Rollen Sie zuerst für den Körper eine Tonkugel, die zu einem Tropfen ausgeformt wird. Aus zwei kleinen Kugeln, die anschließend flach gedrückt werden, formen Sie die Ohren. Für den Mauseschwanz rollen Sie ein konisches, dünnes Tonwülstchen. Zum Befestigen der Teile rauhen Sie die Ansatzstellen an der Maus und am Gefäß auf, tragen Schlicker auf und drücken die Teile möglichst »luftfrei« an. Verbinden und verstreichen Sie sehr sorgfältig alle Nahtstellen und Fugen, damit beim Brennen nichts reißt oder abplatzt.

Den Käseglockenteller drehen Sie wie einen ganz flachen Teller, jedoch mit einem kleinen aufgewulsteten Rand. Dieser Rand soll später beim Gebrauch ein Verrutschen der Glocke verhindern und zudem ein dichtes Abschließen bewirken.

Vorsichtig und mit Unterstützung des Zeigefingers die Öffnung schließen

Statt der Maus kann auch ein Knauf angedreht werden

Vor dem Aufsetzen der vorgeformten Teile die Ansatzflächen aufrauhen

Der Römertopf

Nicht nur bei den Römern hatte dieser Topf einen besonderen Stellenwert, sondern auch in der heutigen Küche ist er sehr beliebt. Es läßt sich darin hervorragend braten, garen und servieren. Die Besonderheit des Topfes liegt darin, daß Braten ohne Hinzugabe von Fett oder Wasser im eigenen Saft schmoren. Für die Herstellung eines Römertopfes eignet sich aus optischen und auch aus funktionellen Gründen am besten rotbrennender Ton. Da Römertöpfe nicht glasiert werden, ist dieser Ton zum Bakken und Braten zweckmäßiger, denn er sintert beim Brennen dichter und behält dennoch die erforderliche und gewünschte Porosität des Scherbens.

Für das Drehen auf der Scheibe bereiten Sie sich je nach geplanter Größe einen Tonklumpen von circa 2,5 bis 3,5 kg vor. Zentrieren Sie die Masse auf dem leicht angefeuchteten Scheibenkopf.
Der Bodendurchmesser des zentrierten Tonkegels entspricht in etwa der Standfläche des Römertopfes (23 bis 26 cm). Das Öffnen und Hochziehen erfolgt in gewohnter Weise. Hat Ihr Zylinder eine Höhe von 25 bis 30 cm erreicht, wölben Sie die Wandung – wie bei einem Krug – oben leicht nach außen.
Setzen Sie jetzt mit Schließgriffen eine flache Schulter. Dann engen Sie das Gefäß zunehmend ein, bis ein sehr enger Gefäßhals entstanden ist. For-

men Sie einen türknopfähnlichen Knauf, der beim Gebrauch des Topfes als Haltegriff dient. Ist der Topf völlig geschlossen, vergessen Sie nicht, mit einer Stricknadel oder etwas Ähnlichem ein kleines Loch in den Knauf zu stechen, damit das eingeschlossene Luftpolster beim Trocknen und Schwinden des Tons die Form nicht sprengt.
Lassen Sie den Topf je nach Raumtemperatur zwei bis vier Stunden stehen, und klopfen Sie ihn dann vorsichtig der Länge nach an einer Seite auf den Tisch. Gegebenenfalls ein weiteres Mal, um für das nun querliegende Gefäß eine neue Standfläche zu erreichen.
Im lederharten Zustand muß nun das Gefäß in zwei Teile, größeres Unterteil, kleineres Oberteil (²⁄₃ zu ¹⁄₃), geschnitten werden.
Ein späteres Weg- oder Abrutschen des Deckels läßt sich beim Auseinanderschneiden der beiden Hälften durch einen Bogen- oder Zackenschnitt verhindern. Zeichnen Sie sich vorher die Trennlinie an, bevor Sie mit der Messerspitze den Schnitt durchführen. Das Durchtrennen läßt sich aber auch mit einem Draht durchführen. Spannen Sie den Draht fest zwischen beiden Händen, und führen Sie ihn an der gewünschten Linie parallel durch das Gefäß, bis es durchtrennt ist. Die Schneidekanten werden später mit einem feuchten Schwamm etwas abgerundet.

1 Den Römertopf zunächst wie ein bauchiges Gefäß arbeiten

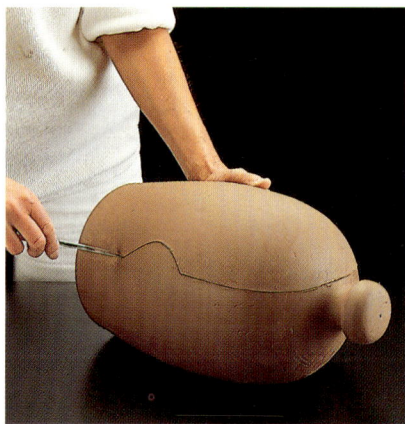

2 Mit einem spitzen Gegenstand die Trennlinie anzeichnen

3 Im lederharten Zustand wird das Gefäß mit einem Schneidedraht durchtrennt

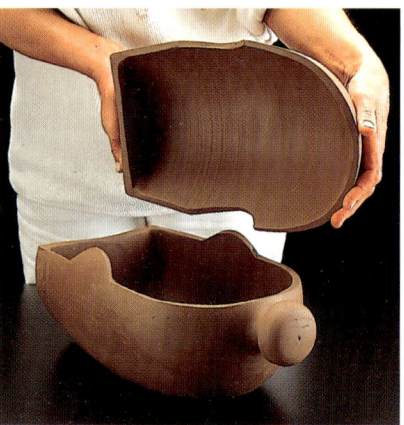

4 Heben Sie den Deckel ab, und glätten Sie die Schneidekanten

5 Zum Schluß wird der Römertopf mit farbiger Engobe dekoriert

Die Gestaltung des Römertopfes hängt von der Ideenvielfalt des Töpfers ab.
So kann neben der Form auch die Dekoration (Beschriftung oder Knauf) Hinweis auf
den eventuellen Verwendungszweck (Fisch, Geflügel, Gemüse) des Topfes geben

Diese dekorative Marmorierung der Teller entstand durch partielles Begießen mit eingefärbter Engobe

Bei dieser Technik handelt es sich um die gleichzeitige Verarbeitung unterschiedlich gefärbter Tone. Voraussetzung für das Gelingen solcher Objekte ist das Zusammenpassen, die Gleichheit der unterschiedlich gefärbten Tonmassen. Gleichheit bedeutet gleiche Plastizität (fett oder mager, gleicher Schamotteanteil) sowie gleiche Verhaltensweisen der Tone beim Trocknen, Schwinden, Brennen.

Die meisten Töpfer färben sich die Tonmassen nach ihren eigenen Vorstellungen. Experimente und Erfahrungen bestimmen dabei oft das Ergebnis der Färbung.

Technologische Fehlschläge und unerfreuliche Überraschungen lassen sich am sichersten vermeiden, wenn auch Sie sich Ihre farbigen Tonmassen selbst herstellen, indem Sie den Ton mit Oxiden selbst einfärben. Ein gleichmäßiges Einfärben gelingt aber nur durch Einschlämmen der Oxide in eine breiige Tonmasse. Färbende Oxide sind:

Eisen	= rotbrennend
Mangan	= braunbrennend
Kupfer und Chrom	= grünbrennend
Kobalt	= blaubrennend

1 Verschiedenfarbige Tonblöcke durchtrennen und aufeinanderschlagen

2 Den Vorgang wiederholen, bis mehrere Farbschichten übereinander liegen

3 Die Marmorierung entsteht schon durch ganz leichtes Verkneten des Tons

Die Bezeichnung **Fladern** steht wohl mit dem Fladerschnitt der Holzverarbeitung im Zusammenhang. Dort wird das Holz quer zur Maserung in Scheiben geschnitten.

Schlagen Sie zwei Tonblöcke von verschiedener Farbe aufeinander (Rillenseite auf Rillenseite), und trennen Sie den Block mit dem Schneidedraht in der Mitte durch. Schichten Sie Block auf Block, so ergeben sich bereits vier Farbstreifen.

Wird dieser Vorgang mehrmals wiederholt, entstehen feingestreifte Blöcke, von denen Sie Platten oder Fladen abschneiden und beispielsweise zu einem Gefäß weiterverarbeiten können.

Durch geringfügiges Kneten eines gefladerten Tonblocks entsteht eine marmorierte Tonmasse. Wird der Ton auf der Drehscheibe verdreht, ergibt sich eine interessante Marmorierung. Bereits in der Jungsteinzeit versuchte man Gefäße aus Marmor so zu imitieren.

Da beim Drehvorgang durch den Drehschlicker zunächst die Marmorierung auf der Oberfläche verschmiert oder oftmals sogar völlig verschwindet, muß im lederharten Zustand die oberste Schicht abgedreht werden. Es genügt oftmals schon ein halber Millimeter, um die Marmorierung sauber und klar zum Vorschein zu bringen.

Gefäße aus gefladertem Ton sollten eine schlichte Form haben, damit die dominante Farbwirkung nicht verlorengeht

4 Abdrehen des Gefäßes von unten nach oben

5 Die Abdrehschlinge wird dabei im flachen Winkel angesetzt

6 Während des Abdrehens die Scheibe nicht zu schnell laufen lassen

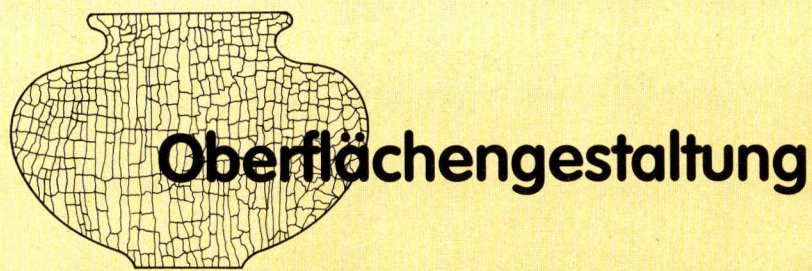

Oberflächengestaltung

Die Oberflächenbehandlung setzt bei keramischen Arbeiten »Wesensmerkmale«, die auf- oder abwerten, steigern oder zerstören können. Die Wirkung der zu gestaltenden Oberfläche sollte der Form individuell angepaßt sein.

Es bieten sich jedoch häufig verschiedene Gestaltungsmöglichkeiten an. Der persönliche Geschmack und der Verwendungszweck bestimmen, ob, wann und wie dekoriert wird, ob die Oberfläche lebendig oder tot, ruhig oder laut, einheitlich oder zerrissen, glatt oder strukturiert, matt oder glänzend gestaltet werden soll.

Die praktische Ausführung der verschiedenen Dekorationsarten muß jeweils zum entsprechenden Zeitpunkt durchgeführt werden, also im weichen, lederharten, trockenen oder geschrühten Zustand.

Angesichts der Fülle der Dekorationsmöglichkeiten soll in diesem Buch nur auf die farbigen Dekore eingegangen werden.

Glasuren

Wie historische keramische Funde bezeugen, waren die Ägypter wohl die ersten, die Glasuren verwendeten. Sie mischten feinsten Wüstensand, Soda und Oxide (Ägyptischblau) zu einem Glasurschlamm, der sich bereits bei sehr niedriger Temperatur zwischen 700 und 800° C mit dem Scherben verband. Glasuren sind dünne, glasartige Schichten, die auf keramische Oberflächen aufgeschmolzen werden. Ästhetische und technische Aspekte rechtfertigen ihre Verwendung. Sie verändern nicht nur das Aussehen der Oberflächen, sondern machen den noch porösen Scherben flüssigkeitsundurchlässig. Außerdem bietet ein spezieller Glasurüberzug den Auf- und Unterglasuren Schutz, Festigkeit und Halt.

Bei Gebrauchs- und Eßgeschirr ist eine entsprechende Widerstandsfähigkeit des Scherbens gegenüber chemischen Einflüssen (zum Beispiel Zitronen- oder Milchsäure und andere Haushaltssäuren) und mechanischen Einflüssen (zum Beispiel Stoßen, Schneiden und Ritzen) unbedingt erforderlich. Dies kann durch das Glasieren in gewissem Maß erreicht werden.

Die Kieselsäure ist der wichtigste Bestandteil aller Glasuren. Da für Kieselsäure jedoch eine Schmelztemperatur von 1700° C erforderlich ist, müssen Flußmittel wie Blei, Borax, Calciumborat, Kreide, Dolomit oder Kalkstein, die bei niedrigeren Temperaturen schmelzen, zugefügt werden. Um eine gute Haftfähigkeit und Oberflächenqualität zu erreichen, wird Tonerde in Form von verschiedenen Feldspäten wie Kalium-, Calcium- und Natriumfeldspat, wie auch Spodumene beigemischt. Die Färbung der Glasuren wird durch die Zugabe geringer Mengen (0,5 bis max. 10%) von Metalloxiden (Kupfer, Kobalt, Eisen, Nickel, Mangan oder Chrom) bewirkt.

Ein und dieselbe Glasur kann auf unterschiedlichen Tonen unterschiedliche Ergebnisse zeigen. Um eine Enttäuschung zu vermeiden, sollten Sie vor dem Glasieren Ihres Werkstücks kleine, geschrühte Tonplättchen mit der gewünschten Glasur bestreichen oder begießen und bei entsprechender Temperatur im Glasurbrand brennen. Gefallen Ihnen Farbe und Oberfläche der Glasur, können Sie Ihr Gefäß oder Objekt damit glasieren.

Falls Ihnen einmal eine Glasur auf Ihrem Werkstück nicht gefällt, übergießen Sie es ganz oder partiell mit einer anderen Glasur. Das Ergebnis kann (wenn auch leider nicht immer) überraschend gut ausfallen. Experimentieren Sie, denn darin liegt der Reiz der Gestaltung.

Ansetzen der Glasur

Die im Handel erhältlichen Glasurpulver werden in Wasser gestreut, so daß zunächst ein dicker Brei entsteht. Nach dem Durchrühren wird vorsichtig noch so viel Wasser zugegeben, bis die Glasur eine Konsistenz ähnlich dünnflüssiger Sahne erreicht hat.

Um Klümpchen auf der Gefäßoberfläche zu vermeiden, muß der Glasurschlamm anschließend mehrmals durch ein feines Sieb (im Fachhandel erhältlich) gestrichen werden.

Bedingt durch das unterschiedliche spezifische Gewicht der verschiedenen Glasurrohstoffe, setzen sich manche Glasuren nach dem Ansetzen rasch ab. Dies erschwert einen gleichmäßigen Glasurauftrag. Es empfiehlt sich deshalb, auf jeden Liter Flüssigkeit ein bis zwei Teelöffel Essigsäure oder das im Handel erhältliche »Stellmittel« zu verwenden. Zur Aufbewahrung von Glasuren eignen sich verschiedene verschließbare Behälter.

1 Zunächst Henkel oder andere abstehende Teile mit der Glasur begießen

2 Schwere Gefäße auf eine Leiste stellen, das erleichtert das Arbeiten

3 Die Glasur von oben her möglichst in einem Guß aufbringen

Auftragen der Glasur

Das Glasieren kann durch Tauchen, Begießen und durch Pinselauftrag erfolgen. In jedem Fall müssen die zu glasierenden Oberflächen fett- und staubfrei sein. Wischen Sie deshalb mit einem feuchten Schwamm über die zu glasierenden Oberflächen.

Glasieren Sie Ihre Werkstücke über einem Behälter, der einen weiten Durchmesser aufweist, um eventuell danebenfließenden Glasurschlamm wieder aufzufangen.

Ist ausreichend Glasur vorhanden, können die Teile auch getaucht werden. Der Pinselauftrag ist nur bei sehr geringer Glasurmenge angebracht, da die Glasur dadurch meist fleckig wirkt.

Am häufigsten werden Glasuren durch Begießen aufgebracht. Grundsätzlich glasieren Sie Hohlgefäße immer zuerst innen. Füllen Sie dazu die Glasur in das Gefäß, bis es etwa zu einem Drittel gefüllt ist. Indem Sie das Gefäß mit nach unten gerichteter Öffnung langsam drehen, gießen Sie die Glasur so wieder heraus, daß jede Stelle von der Glasur bedeckt ist.

Die Außenseite begießen Sie am besten, indem Sie mit der linken Hand das Gefäß mit der Öffnung nach unten halten (zum Auffangbehälter). Mit der rechten Hand setzen Sie oben (Gefäßboden) zum Guß an und versuchen, möglichst mit einem Guß um das ganze Gefäß herumzugießen.

Große und schwere Gefäße begießen Sie partiell. Stellen Sie dazu Ihr Gefäß mit dem Öffnungsrand auf eine Leiste. Begießen Sie eine möglichst breite Fläche von oben her. Auf den »Anschlußstellen« liegt die Glasur dann doppelt, was zu einem reizvollen streifigen Effekt führen kann.

Wenn die Glasur trocken ist, können Sie die Stellen, an denen sie zu dick liegt oder wo sich Tropfen und Rinnen gebildet haben, vorsichtig und sanft abreiben und ausgleichen.

Vergessen Sie zum Schluß nicht, die Glasurreste mit einem feuchten Schwamm vom Gefäßboden abzuwischen, damit das Werkstück nicht auf den Brennfüßchen festklebt.

Glasur- oder Glattbrand

Es ist in der Regel der zweite Brand und wird bei einer Endtemperatur von 1000–1300° C durchgeführt. Die Bestimmung der Endtemperatur hängt von der Zusammensetzung des verwendeten Tons und der Glasur ab. Bei fertiggekauftem Ton und Glasuren ist die Brenntemperatur angegeben.

Die Durchführung des Brandes erfolgt in der ersten und zweiten Phase in einer kürzeren Zeitspanne als der Rohbrand, nämlich mit kürzerer Vorheizzeit (ca. 2–3 Stunden). Es ist deshalb davon abzuraten, gleichzeitig ungeschrühte, also nur getrocknete Tonwaren mitzubrennen. Ein Zerreißen und Zerplatzen der Stücke könnten die Folgen sein. Auch die entweichenden Wasserdämpfe und Gase ungeschrühter Gefäße wirken sich unter Umständen negativ auf die Glasuren aus.

Da die aufgetragenen Glasuren bei der entsprechenden Schmelztemperatur flüssig werden, müssen Vorsichtsmaßnahmen getroffen werden, um ein Festkleben des Gefäßes auf der Brennplatte zu verhindern. Der Handel bietet eine Fülle von Brennhilfsmitteln, Trennmitteln, Ofenplatten, Stützen, Brennauflagen, Brennkapseln und Brennfüßchen für niedrigere und höhere Endtemperaturen an. Verwenden Sie beim Hochtemperaturbrand niemals Niedrigtemperaturhilfsmittel, es könnte sonst Ihre gesamte Ofenfüllung (samt Brennplatten) unbrauchbar werden oder dabei zu Bruch gehen. Vergessen Sie niemals, unter jedes Gefäß ein dem Bodendurchmesser entsprechendes Brennfüßchen zu stellen. Es könnte sonst passieren, daß Sie Ihr Gefäß mit Hammer und Meißel von der Brennplatte abschlagen müssen. Um die während des Schmelzvorganges auf die Brennplatten abgetropften Glasuren aufzufangen, sollten Sie unbedingt die Ofenbodenplatte und die Brennplatten mit einem Trennmittel beschichten. So lassen sich nach dem Brand die erstarrten Glasurtropfen samt Trennschicht abheben. Sie sollten jedoch anschließend eine sofortige Ausbesserung der Trennschicht vornehmen.

Da der Platz im Ofen kostbar und teuer ist (Öl, Strom, Gas) und die Brennware nicht wie beim Rohbrand in- und aufeinander gestapelt werden kann, lohnt es sich, das Brenngut vor dem Einräumen der Größe nach zu ordnen. Sehr schwere Stücke sollten Sie aus Sicherheitsgründen (Durchbrechen einer Ofenplatte) am besten auf die Ofenbodenplatte stellen. Hohe, lange Gefäße setzen Sie am besten auf die oberste Brennetage. Sie ersparen sich damit auch viele aufeinanderzustapelnde Brennstützen.

Öffnen und Ausräumen des Ofens

Das Abkühlen des Ofens richtet sich nach der Menge des Brenngutes. In einem dichtbestückten Ofen sinkt die Temperatur nur langsam ab. Ist die Temperatur auf 200° C abgefallen, kann die Ofentür vorsichtig einen Spalt geöffnet werden. Bei etwa 150° C, besser aber erst bei 100° C, können Sie den Ofen schließlich ganz öffnen und ausräumen.

Die Gefäßobjekte sind mit einer Glasur versehen, die dem klassischen Glasurtyp »Seladon« der Sung-Dynastie (China) nachempfunden wurde. Sie wird bei 1280° bis 1300° im Holzofen reduzierend gebrannt

Die Bildung von Kristallen in einer Zink-Barium-Glasur wird sowohl von der Glasurzusammensetzung als auch von der Brandführung beeinflußt

Gefäß, das mit Seladonglasur mit Craquelés im Holzofen gebrannt wurde

Manganübersättigte bronzefarbene Glasuren sowie interessante Farbverläufe
und reflektierende Oberflächen unterstreichen die außergewöhnliche Formgebung der Gefäße

Durch partielles Übergießen mit verschiedenen Glasuren (glänzend und matt) lassen sich reizvolle Effekte erzielen. Durch das Fließverhalten der Glasur kann gezielt die Form des Gefäßes betont werden

Ein Weinkrug, der nicht nur durch den Holzhahn, sondern vor allem durch die braun-violette Molybdän-Glasur rustikal wirkt. Diese Glasur sollte allerdings im Innern eines Gefäßes, das mit Lebensmitteln in Berührung kommt, nicht verwendet werden. Obwohl der Krug recht bauchig ist, ist die Gefäßgrundform ähnlich der des Römertöpfes von Seite 66

Vom Stoß gedrehte kleine Gefäße
(siehe Seite 50)

Differenzierte Blautöne (Kobaltoxid) mit
einer effektvollen Goldfärbung (Eisen-
Mangan-Übersättigung)

Die in sich ruhende Kugelform ist mit
einer zartblauen Molybdän-Glasur, die
perlmuttartig schimmert, versehen. Die
auf hohem Fuß stehende Kugelform
weist eine mit Kobaltoxid eingefärbte
seidenmatte Kristallglasur auf

Vasen sind beliebte Produkte eines jeden Töpfers. Das Foto zeigt hier nur eine kleine Auswahl der Formenvielfalt und der Glasurmöglichkeiten

Zum Thema Kreatives Gestalten mit Ton ist von derselben Autorin das Buch »Töpfern ohne Scheibe« (Nr. 896) be

ISBN 3 8068 0971 2

© 1996 by Falken-Verlag GmbH, 65527 Niedernhausen/Ts.

Redaktion für diese Ausgabe: Regine Felsch
Titelbild: Photo-Design-Studio Gerhard Burock, Wiesbaden-Naurod
Fotos: Kulturgeschichtliches Bildarchiv Claus und Liselotte Hansmann, München (S. 6); Foto-Studio Baumann über Firma Wollring, Höhr-Grenzhausen (S. 9); dpa (Scheidemann), Frankfurt (S. 13); alle übrigen Fotos: Photo-Design Studio Gerhard Burock, Wiesbaden-Naurod
Zeichnungen: Ulrike Hoffmann, Bodenheim
Seladonglasur: Wendelin Stahl, Burg Coraidelstein, Klotten/Mosel

Die Ratschläge in diesem Buch sind von der Autorin und vom Verlag sorgfältig erwogen und geprüft, dennoch kann eine Garantie nicht übernommen werden. Eine Haftung der Autorin bzw. des Verlags und seiner Beauftragten für Personen-, Sach- und Vermögensschäden ist ausgeschlossen.

Satz: LibroSatz, Kriftel
Druck: Karl Neef GmbH & Co., Wittingen

02097189X817 2635 44